圖解·實用·套色·易懂　實用投資系列 1

謝劍平、林傑宸—著

擺脫死薪水，股票投資聰明滾錢

【自序】

　　歷經金融海嘯及歐債危機的衝擊，全球股市已經回神，美國道瓊工業指數及標準普爾500指數甚至還創下歷史新高紀錄。換句話說，當初在金融危機敢進場撿便宜的投資人，經過這幾年的投資，獲利應該非常可觀，只是那時候有多少人敢進場買股票呢？相信大部分的投資人不僅不敢進場，甚至還可能因為市場的恐慌氣氛而退出市場。

　　同樣的道理，當股市創高、大家都在追逐股票的時候，你會逢高出脫持股，還是一直抱著或追漲股票呢？相信多數的投資人會是後者，因為人都有一顆貪婪的心，當持有的股票有賺錢時，還想要賺更多，於是就一直抱著不賣，結果往往就是抱高上去又抱下來，最後賠錢出場。

　　投資股票是一門藝術，要懂得「買」，更要懂得「賣」。「買低賣高」是人人都知道的道理，但有多少人能真正做到，即便是在電視上解盤的老師，通常也是事後諸葛的成分居多。因為股價要跌到哪裡、要漲到哪裡並沒有人可以預先得知答案，通常都是事後再來看圖說故事。既然如此每個投資人就必須建立好自己的投資邏輯，根據本身的條件（如資金規模、風險承擔能力及獲利滿足程度）來設定好買賣或停損、停利的時點，一旦股價來到設定的區間，就得嚴格執行，不要受到外界的影響而縮手。

　　當然投資人尤其是股市新手可能會問：「那我怎麼知道要投資哪一檔股票、何時買進、何時賣出呢？」在親子教養中，我們常聽到「與其給子女一條魚，不如給他們釣竿教他們如何釣魚」這句話，套用到股票投資何嘗不是如此。魚就好比是股市明牌、釣竿則是投資與分析方法，對待一名股市新手，應該教他如何正確使用這些投資與分

析方法，而不是直接報明牌給他，從而養成對自己決策負責的態度，如此才能在股市中踏穩第一步，開啟自己的投資理財大門，擺脫死薪水的宿命。

　　本書就是專為股市新手或對股市有興趣但又不知從何著手的讀者而寫的。股票投資猶如一場心理戰爭，有良好的心理素質才能戰勝股市，讀者除了可從本書了解到股票的基本特性外，也能知道股市贏家應有的特質，從而檢視自己是否能夠在股市叢林中生存。除此之外，本書也鉅細靡遺地將股市的運作實務，以圖解方式將每一交易環節呈現給讀者了解，尤其是針對時下盛行的電子下單方式多有著墨，因為不須透過營業員就可在家裡或辦公室，利用電腦、手機自行完成下單的動作，既省時又有效率，還能節省交易成本。

　　當然本書也分享一些如何選股以及掌握買賣時機的要訣供讀者參考，希望讀者能夠建立屬於自己的投資邏輯，不要被市場充斥的假消息及明牌牽著走，做自己錢的主人。

第 1 篇

前進股市，你準備好了嗎？

目錄 CONTENTS

第 2 篇

買賣股票的流程

第3篇

投資股票會有哪些報酬？

目錄 CONTENTS

第4篇

投資股票會有哪些風險？

第**5**篇

融資融券交易實務

目錄 CONTENTS

第6篇

選股的要訣

第7篇

如何掌握買賣的時機？

我適合投資股票嗎？

投資股票之前，最好先問問自己是否適合投資股票。雖然投資股票是賺錢的方法之一，但並非人人都適合。只有知己知彼，了解自己的能力所及，才有可能投資成功。

投資股票自我檢視法

1 有多少「閒置資金」可以投入股市？

如果身邊沒有閒錢，勸你最好遠離股市，因為如果不是利用閒錢投資股票，你的情緒便容易受到行情波動影響，不僅影響生活品質，還會因為失去理性而做出錯誤的投資判斷。

2 有「時間」管理手上的股票嗎？

你如果是上班族且根本沒有時間關心自己所投資的股票，當別人報明牌你就買，別人出場了，你還繼續抱著，也不知道何時應該出場，這樣要從股市賺到錢比登天還難。當然這不表示你要整天盯著盤看，但至少要知道手上股票的損益情況，以決定是否停利或停損。

投資錦囊

除了有錢有閒外，也必須要有分析股市資訊的能力及良好的心理素質才能在股市中戰勝。反之則建議將資金委由專業人士幫你理財，例如，可以投資共同基金或委由專業機構代操等。

3 有「能力」分析股市資訊嗎？

相較於過去，現在股市資訊的取得管道愈來愈多元，舉凡報章雜誌、電視財經頻道、網路等都能輕鬆取得股市的相關資訊，但在眾多的資訊中你能過濾、解讀這些資訊嗎？如果不行，你並不適合投資股票。換句話說，如果你想投資股票，必須要先學會分析股市資訊的能力，如此才能建立一套屬於自己的投資邏輯，不受市場擺布。

4 有「良好的心理素質」能夠抵抗市場的誘惑和恐懼嗎？

股票投資猶如一場心理戰爭，市場永遠充斥著爾虞我詐的資訊。在股市高點時，你能抵抗「利多」的誘惑而不追高嗎？在股市低點時，你能戰勝「利空」的恐懼而不殺低嗎？如果可以，代表你有良好的心理素質能夠在股市生存，否則請遠離股市。

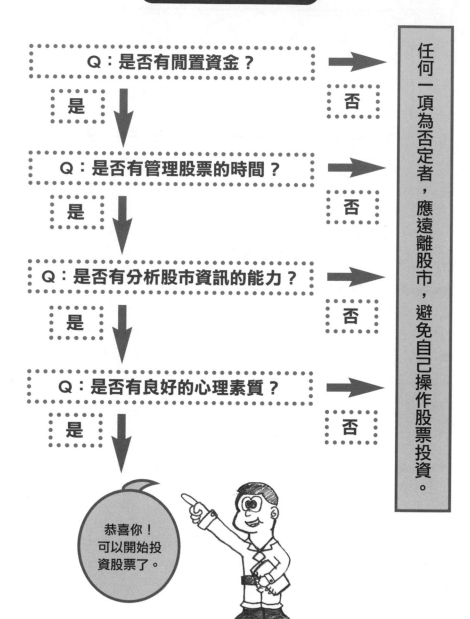

自我檢視流程圖

Q：是否有閒置資金？ ➜ 否

是 ⬇

Q：是否有管理股票的時間？ ➜ 否

是 ⬇

Q：是否有分析股市資訊的能力？ ➜ 否

是 ⬇

Q：是否有良好的心理素質？ ➜ 否

是 ⬇

任何一項為否定者，應遠離股市，避免自己操作股票投資。

恭喜你！可以開始投資股票了。

股市贏家具備哪些特質？

　　股票投資看似簡單，但能從股市中獲利的人畢竟不多。在大部分都是輸家的情況下，代表股市贏家的想法一定跟大部分的人不一樣。因此你如果想要在股市賺到錢，必須先改掉以往的投資陋習。

股市贏家的特質

1 不盲從

散戶投資人最容易犯的毛病就是隨著市場的小道消息買賣股票，沒有自己的定見，只要有人報明牌就跟著進場，或是在市場恐慌的時候賣出股票。結果可想而知，當然是慘賠出場，因為「盲從」往往會讓散戶買在高點、賣在低點。

2 不急躁

在股市投資中，「等待」是一種美德。很多投資人看到別人的股票比自己的股票會漲時，便會失去耐性而將原先十分看好的股票賣掉，去追買已經大漲一段的股票，但往往在換股之後，賣掉的股票才開始大漲，而買進的股票則開始走弱，形成「捉龜走鱉」的現象。

3 不借錢買股票

如果你是股市高手，我會鼓勵你借錢買股票，但如果不是，最好不要借錢買股票。借錢終究會有還錢的壓力。如果借錢買股票，當股市行情不好時怎麼辦？因為還錢的壓力，投資人往往會失去理性，賣在低點，結果還是慘賠出場。投資要沒有壓力，投資的錢必須是「閒錢」，即便賠光了也不會影響你生活必要的開支才行；「有多少錢、做多少事」，對投資人而言非常重要。

4 不買沒有未來的股票

資金少的散戶投資人常會挑股價低的股票投資，雖然股價低的股票未必不會賺到錢，但股價低的股票通常背後代表公司較沒有成長的潛力；一家沒有成長潛力的公司，長期股價的表現不會太好，甚至未來還有可能下市，即便有漲，可能也只是因為短線題材的操作，要在這些股票賺到錢的機率不高。因此投資人必須勤做功課，尋找有成長潛力的產業及公司。

5 不貪心

投入股市無非是想賺錢，但有些人總是希望能從股市賺到大錢，當持有的股票有賺錢時，還想要賺更多，於是一直抱著不賣，結果往往會是如何？試想，一支股票如果從50元漲到100元，你沒有賣掉，隔天這支股票跌到95元，你會賣嗎？再隔一天股票又跌到90元，你會賣嗎？大部分的人會認為100元就沒賣了，95元、90元幹嘛賣，以後應該還可以再漲回去。在這樣的心態下，這支股票可能從此不會再回到100元的價位了，甚至跌破50元，使投資人由盈轉虧。因此，不貪心、懂得「停利」，是戰勝股市的關鍵。

6 沒有賺錢時懂得停損

大家都希望一買進股票，股價就大漲，但往往事與願違，買進股票之後，若股價大跌，你會怎麼處理？繼續持有或認賠出場呢？大部分的投資人應該會選擇前者，等待解套的機會。股市贏家通常會設定一個自己可以忍受的停損點，當股價跌到停損點時，代表自己當初的判斷有誤，就會毫不猶豫地賣出，保持資金活水，尋找下一個更好的標的，正所謂「留得青山在，不怕沒材燒」。

股票有哪些特性？

　　要投資股票，當然須先了解股票的特性。股票是公司籌資的工具，分為普通股及特別股兩種，我們在市場上投資的股票大部分都是普通股，因此以下將僅針對普通股的特性進行說明。

股票的基本特性

1 所有權

投資人持有股票可以表彰對公司的「所有權」，也就是公司的股東。例如，有一家公司流通在外股數為100萬股，而投資人持有該公司股票一萬股，即表示投資人擁有該公司1%的股權。

2 投票權

是指在股東會上可以針對公司一些重要事務（如董監事選舉）進行投票，如果股東無法親自出席股東會，也可使用出席通知書上的委託書，委託他人行使投票權。為確保小股東的權益，金管會已規定資本額100億元以上，並且股東人數達一萬人以上之上市（櫃）公司必須強制採取「通訊投票」制度，股東在家就可透過股東會電子投票平台「股東 e 票通」網站（www.stockvote.com.tw）進行投票，非常方便。

在這裡
蓋上自己
的印鑑私
章，就可
以委託他
人出席股
東會

● 參加通訊投票
的公司名單會列
在這裡

● 投資人可利用自然人憑證
或平常網路下單的電子憑證
登入

3 股利分配權

如果公司營運狀況不錯而產生盈餘時,公司可以決定將部分或全部盈餘分配給股東。但要注意的是,公司對股東並沒有發放股利的「義務」;也就是說即便公司有盈餘,也不一定要發放股利給股東。例如,賺很多錢的美國蘋果公司,從1995年以來就沒有發放過任何股利,直到2012年才又發放股利回饋股東。

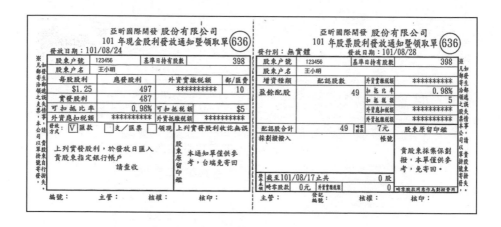

有些公司召開股東會時,常以發放紀念品的方式,來吸引股東參加股東會或徵求委託書。投資人切勿為了股東紀念品,而持有不該買進的股票。

4 優先認股權

對於公司增資發行的新股，股東可依照股權比例優先認購。例如某股東持有公司20%股權，在公司發行新股時，可以優先認購20%的新股，但原股東也可放棄優先認股的權利。

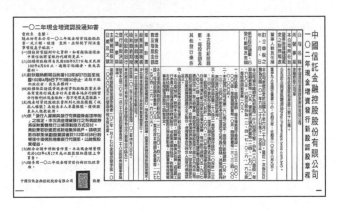

5 剩餘請求權

當公司破產或清算時，普通股股東對公司資產的求償順位在政府（稅負）、員工、債權人及特別股股東之後，也就是普通股股東僅具有對公司「剩餘財產」的請求權。就此而言，普通股股東最沒有保障。

6 有限清償責任

上市（櫃）公司都屬於「股份有限公司」的組織型態，投資這些公司的股票，它的損失不會高於原先所投入的資金額度。換句話說，當公司倒閉時，股東最壞的情況就是手中持有的股票價值「歸零」，至於個人財產則受到保護，與公司債務無關。

股票的面額、淨值、市價有什麼不同？

我們常會在報章雜誌上看到股票面額、股票淨值與股票市價等術語，到底這三個術語有什麼不同？

股票的面額

在台灣股市中，目前規定上市（櫃）公司的股票，其面額一律以每股10元為限。但在國外，如美國的公司可以自行選擇所要發行股票的面額，一般最常見的是以 1 美元為單位，然而也有公司發行無面額的股票。為吸引外國公司來台上市（櫃），2012年1月起，台灣已先行取消外國公司來台第一上市（櫃）股票面額10元的限制；股票面額10元者，簡稱首碼為「F-」，如「F-晨星」（3697）、「F-TPK」（3673）；股票面額不是10元者，簡稱首碼為「F★」。

▣	3532 台勝科	13:30	**30.60**	30.60	30.70	△0.20	61		30.40	30.40	30.85	30.40
▣	3545 旭曜	14:30	**44.10**	44.10	44.20	▽0.75	2,506	44.85	45.25	45.50	44.10
▣	3559 全智科	13:30	**17.05**	17.05	17.10	▽0.10	368	17.15	17.15	17.30	17.05
▣	3579 尚志	14:30	**25.20**	25.20	25.40	▽0.20	360	25.40	25.40	25.70	25.20
▣	3583 辛耘	14:30	**57.5**	57.5	57.7	0.00	1,431	57.5	56.5	58.8	56.5
▣	3588 通嘉	13:30	**46.20**	46.20	46.45	▽0.05	64	46.25	46.05	46.60	46.00
▣	3598 奕力	14:30	**99.0**	98.9	99.0	▽2.0	2,247	101.0	100.0	101.0	98.5
▣	3638 F-IML	14:30	**95.6**	95.6	95.7	△1.6	3,544	94.0	94.6	96.5	94.1
▣	3686 達能	14:30	**13.70**	13.70	13.75	△0.05	3,638	13.65	13.50	13.90	13.50
▣	3697 F-晨星	14:30	**240.0**	240.0	240.5	△5.5	2,592	234.5	234.5	241.0	234.5
▣	4919 新唐	13:30	**36.20**	36.10	36.20	△0.45	797	35.75	35.70	36.35	35.55
▣	4952 凌通	14:30	**19.85**	19.80	19.95	△0.15	148	19.70	19.90	20.10	19.85
▣	5269 祥碩	14:30	**63.5**	63.4	63.5	▽1.5	459	65.0	65.0	65.0	63.5
▣	5305 敦南	14:30	**15.10**	15.10	15.15	△0.05	503	15.05	15.00	15.25	15.00
▣	5471 松翰	13:30	**42.10**	41.95	42.10	0.00	213	42.10	42.00	42.30	41.90
▣	6145 勁永	14:30	**24.40**	24.40	24.45	△1.15	3,861	23.25	23.25	24.40	23.25
▣	6202 盛群	14:30	**34.85**	34.80	34.85	△0.20	219	34.65	34.85	34.95	34.65
▣	6239 力成	14:30	**47.35**	47.35	47.40	△0.60	6,856	46.75	46.50	47.40	46.00

股票的淨值

淨值又稱為「帳面價值」，這個數據可由公司的財務報表計算而得，將公司資產總額減去負債總額，就可以得到公司的淨值；再將公司淨值除以流通在外股數，則可以得到該公司股票的每股淨值。

> 公司淨值是股東所應享有最基本的價值，當淨值高，而市價卻處於低檔，甚至跌破淨值時，投資這種「價值型股票」所須承擔的風險較低。

參考公式
公司資產－公司負債＝淨值

股票的市價

市價是經由交易市場買賣雙方所決定的，這往往是投資人最關注的數據。平常我們看到證券交易所揭露的價格就是股票的市價。因此，市價會隨著市場變化與交易情形而變動，這也是投資股票的誘因之一，因為股價不斷地波動，投資人在買進賣出之間才有價差收益可圖。影響股票市價的因素很多，例如，證券交易制度、交易成本高低等市場內部因素，或是總體經濟、產業、公司營運狀況等經濟面因素，或者是政治、戰爭等非經濟因素。

股票和其他投資工具有哪些差異？

在金融市場中，除了股票外，還有很多投資工具可以供投資人運用，例如，銀行存款、債券、共同基金、權證、期貨、選擇權等，各種投資工具都有不同的報酬及風險屬性，投資人應該根據自己的理財需求，選擇適當的投資工具。

股票和其他投資工具的比較

項目	股票	銀行存款	債券
主要投資管道	證券商	銀行	證券商、郵局
基本交易單位及投資門檻	1000股，投資金額依股價而定	100元即可開戶	面額1萬元或10萬元
報酬來源	股利收入及價差收益	利息收入	利息收入及價差收益
風險	中高	低	中低
變現性	高	高	中
操作難度	中高	低	中
槓桿操作程度	現股交易無，信用交易約2～2.5倍	無	無

投資工具的預期報酬率愈高，背後所須承擔的風險往往也愈高。因此，投資人進行理財規劃時，不應一昧追求報酬，而忘記風險的存在。

共同基金	權證	期貨	選擇權
投信公司、銀行、證券商	證券商	期貨商	期貨商
定期定額每月3000元；單筆投資1萬元	1000單位，依權利金價格而定	一口，國內期貨保證金約2萬～10萬元	一口，依權利金價格而定
配息收入及價差收益	價差收益	價差收益	價差收益
中	高	高	高
高	高	高	高
中低	高	高	高
無	遠高於股票信用交易	遠高於股票信用交易	遠高於股票信用交易

股票買賣有哪些步驟？

　　決定要投資股票之後，首先要找一家證券商開戶，開立證券帳戶，然後自次營業日開始就可以下單買進股票；撮合成交後，證券商會向你進行成交回報，接著在規定的期限內辦好交割作業，這時才算完成股票的買賣。

股票買賣的流程

1 開戶
找一家證券商開立證券帳戶，證券商會發給你一本證券存摺。此外，證券商會指定你到配合的銀行開立活期儲蓄存款帳戶。

2 下單
委託證券商下單買賣股票。

3 撮合
市場所有的委託單都會傳送到證券交易所或櫃檯買賣中心進行撮合。

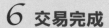

4 成交
撮合成交後，證券商會向你進行成交回報。

5 交割
必須在成交日後第2個營業日早上10：00以前完成款券的交付。

6 交易完成
完成交割後，你將會在成交日後第2個營業日取得買進的股票或賣出的價款。

如何開立證券帳戶？

投資股票的第一步，就是要選擇一家券商開立證券帳戶。證券帳戶的開立流程如下：

開立證券帳戶的流程

1 選擇證券商
選擇券商時必須考量的因素有：手續費折扣、下單便利性、證券商的服務品質等。

2 前往證券商
攜帶身分證及健保卡等雙證件，前往證券商開戶櫃檯。

3 選擇營業員
證券商會指定一位營業員作為你未來交易的窗口；你也可以自行選擇一位專業、服務好的營業員。

6 開戶完成
你將取得一組證券帳號、證券存摺及銀行存摺。

5 開立銀行帳戶
前往證券商指定的銀行（有些會設櫃在證券商營業處所內）開立專屬交割帳戶（活期儲蓄存款帳戶）。

4 文件簽署
簽署相關契約及文件，簽署之前必須先了解契約及文件的內容。

證券帳戶可買賣哪些股票？

　　一般而言，證券帳戶可以買賣上市（櫃）股票、台灣存託憑證（TDR）；如果你在開戶時有簽署「興櫃股票風險預告書」、「興櫃股票議價買賣授權書」、「第一上市（櫃）有價證券風險預告書」，你還可以買賣店頭市場的興櫃股票、來台第一上市（櫃）的外國企業股票。

證券帳戶可買賣的股票

1 上市（櫃）股票

上市股票是在台灣證券交易所掛牌交易的股票，上櫃股票則是在證券櫃檯買賣中心掛牌交易的股票。上市股票的審查標準較為嚴格，它的體質及交易活絡度通常會優於上櫃股票。上櫃股票如果達到上市的審查標準，也可申請轉上市。

2 興櫃股票

興櫃股票市場是提供已經申報上市（櫃）輔導契約的公開發行公司，在還沒有上市（櫃）之前，先在證券商營業處所議價買賣的場所。由於審查標準非常寬鬆，且大部分屬於新興產業或正在接受證券承銷商輔導的公司，投資風險相對較高，交易活絡度遠不及一般上市（櫃）股票。

3 台灣存託憑證

台灣存託憑證（Taiwan Depositary Receipt，簡稱TDR）是指已在海外上市的外國企業來台第二上市（櫃）所發行的存託憑證。持有台灣存託憑證等於間接持有該外國企業的股票，享有的權利義務幾乎與股票相同，但投資台灣存託憑證的「資訊風險」遠高於國內企業的股票。目前有很多在外經營有成的台商回台發行台灣存託憑證，例如旺旺（9151）、康師傅（910322）等。

股市案例

2010年僑威控（911201）因其客戶發生財務危機，在香港停止交易兩天，因資訊沒有即時揭露且台灣證券交易所沒有盤中暫停交易機制，在香港停止交易期間其台灣存託憑證卻仍在台灣繼續交易，引發摸黑交易的爭議。為保障投資人的權益，台灣證券交易所除嚴格要求發行台灣存託憑證的外國企業落實資訊同步揭露的義務外，也在2011年針對台灣存託憑證推出盤中暫停及當日恢復交易機制，讓台灣存託憑證在盤中能與原股同步暫停交易。2012年2月日本爾必達無預警宣布破產保護，再度重創台灣存託憑證市場，使投資人更加重視台灣存託憑證的資訊風險。

4 第一上市（櫃）股票

除了台灣存託憑證外，外國企業也可以「原股」的方式來台第一上市
（櫃），如F-TPK（宸鴻，3673）、F-美食（85度C，2723）、F-晨星
（3697）等。與台灣存託憑證一樣，第一上市（櫃）股票的資訊風險
也比較高。

為降低台灣存託憑證及第一上市（櫃）股票的資訊風險，公開資訊觀
測站（http://mops.twse.com.tw/mops/web/index）特別建置第一上市
（櫃）股票及台灣存託憑證專區，投資人可在這裡查詢到相關資訊。

台灣存託憑證原股面額可至基本資料區查詢。

買賣股票的方式有哪些？

　　開立證券帳戶之後你就可以下單買賣股票了。10幾年前，下單方式僅有傳統的當面委託及電話委託兩種，但隨著資訊科技的進步，證券商所提供的下單方式也愈來愈多元化，如電話語音下單、網路下單及網路行動App下單等，都比傳統下單方式便利許多，你可根據自己的下單習慣選擇合適的下單方式。

各種下單的方式

1 當面委託

自己填寫委託單時，必須填入你的帳號、想買賣的股票代號或名稱、委託價格等。寫完後，直接將委託書交給營業員。

● 成交回報方式

營業員會通知你成交了，或自行向營業員查詢。

● 手續費折扣

與營業員商議，交易量大折扣會比較多。

2 電話委託

打電話給營業員，告知營業員你的帳號、想買賣的股票代號或名稱、委託價格等，營業員會幫你填寫委託單。

● 成交回報方式

營業員會通知你成交了，或自行
向營業員查詢。

● 手續費折扣

與營業員商議，交易量大折扣會
比較多。

3 電話語音下單

打電話到證券商的電話語音系統，然後依系統指示輸入帳號、密碼、買賣方式、股票代號、委託價格等。

● 成交回報方式

打電話到證券商的電話語音系統查詢。

● 手續費折扣

因電子下單方式可節省證券商成本，所
以手續費折扣通常較傳統方式多，介於
1.7折到65折之間。

4 網路下單

利用證券商的網路下單系統（必須有連上網路的電腦）；輸入帳號、密碼登入後，在下單介面輸入買賣方式、股票代號、委託價格等。

● 成交回報方式

至網路下單系統查詢。

● 手續費折扣

因電子下單方式可節省證券商成本，所以手續費折扣通常較傳統方式多，介於1.7折到65折之間。

投資錦囊

目前網路下單的方式有兩種：一種是在證券商網站登入證券下單專區進行下單，一種是從證券商網站下載「網路下單軟體」並在電腦安裝執行，這種軟體不僅可供下單，還提供完整的股票即時報價及成交資訊、技術分析、即時新聞、個股基本資料、研究報告等豐富資訊，完全免費，是投資人很好的看盤工具。

5 網路行動App下單

利用證券商的網路行動App下單系統（必須要有連上網路的智慧型手機或平板電腦）；輸入帳號、密碼登入後，在下單介面輸入買賣方式、股票代號、委託價格等。

● 成交回報方式

至網路行動App下單系統查詢。

● 手續費折扣

因電子下單方式可節省證券商成本，所以手續費折扣通常較傳統方式多，介於1.7折到65折之間。

下單方式不同會影響你對證券商及業務員的選擇

　　在過去只能在證券商營業廳或利用電話下單的年代，投資人通常會選擇離家或辦公室較近的證券商開戶，無論是看盤、下單、補登證券存摺都比較方便。也由於傳統下單方式須仰賴營業員下單，因此營業員的選擇相當重要，營業員的專業能力、服務資歷等都是考量的重點，比較資深的營業員還能扮演投資諮詢的角色，對投資人而言是一種取得投資資訊的管道。

　　然而，隨著網路、電話語音等電子下單方式的普及，證券商的地理位置及營業員的選擇就顯得較不重要了，因為投資人可以不透過營業員，就可在家裡或辦公室利用電腦或電話自行完成下單的動作，既省時又有效率，同時也能享有較高的手續費折扣，並可透過網路取得多元的投資資訊，因此對於採取電子下單方式的投資人而言，證券商所提供的電子下單環境、網路品質及手續費折扣反而比較重要。

傳統下單方式
- 證券商的地理位置。
- 營業員的專業能力及服務資歷。

VS.

電子下單方式
- 電子下單環境。
- 網路品質。
- 手續費折扣。

下單前必須注意的事項

　　下單時必須填寫委託買賣的價格，但這個價格必須遵照股票的最小升降單位及漲跌幅限制的規定填寫，否則委託將不會成功。此外，下單時也必須知道股票即時的報價及成交資訊，否則「摸黑」下單的風險很高。

下單前須知

1 股票的最小升降單位

最小升降單位是指股票價格上漲或下跌的基本單位，依價位高低而定。假設目前國泰金股價為31.55元，則其往上一檔的價位為31.6元，往下一檔的價位則為31.5元。

價位 （元）	最小升降單位 （元）
股價＜10	0.01
10≦股價＜50	0.05
50≦股價＜100	0.1
100≦股價＜500	0.5
500≦股價＜1,000	1
1,000≦股價	5

2 股票的漲跌幅限制

除初上市（櫃）首五日及興櫃股票沒有漲跌幅限制外，股票每日最大漲跌幅為前一日收盤價的7%，而其漲停板價格及跌停板價格必須符合最小升降單位的規定。

舉例來說，假設昨天國泰金收盤價為31.3元，今天的漲停板價及跌停板價如何決定？

$$31.3元\times7\%=2.191元$$

由於國泰金股價介於10～50元之間，其最小升降單位為0.05元，在不超過7%漲跌幅限制下，其最大漲跌幅應為2.15元，所以漲停板價和跌停板價分別為：

漲停板價＝31.3＋2.15＝**33.45元**

跌停板價＝31.3－2.15＝**29.15元**

3 基本交易單位

台灣股市的基本交易單位為1000股，俗稱1張。下單買賣的數量必須為1張或它的倍數，單筆委託數量不得超過499張。

4 股票報價及成交資訊

股價的報價和成交與否，可以向你的營業員或利用任何的電子下單系統查詢，尤其是可善用證券商所提供的網路下單軟體，裡面有非常豐富的資訊可供你參考，當然每家證券商所提供的網路下單軟體介面是不一樣的，但主要元素都大同小異。以下就以某證券商網路下單軟體介面為例，來加以說明。

● 此為目前市場願意買進及賣出該股票的價位，如果你要賣出或買進股票時，應該參考此價格的變化。

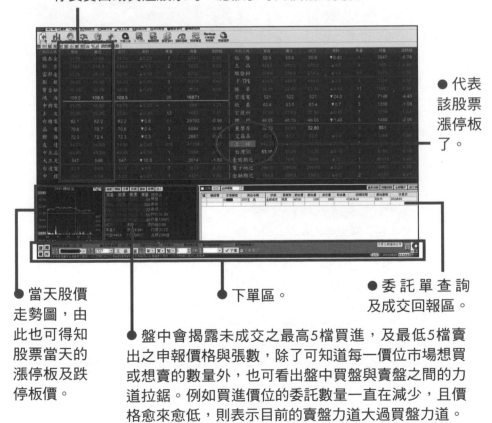

● 代表該股票漲停板了。

● 當天股價走勢圖，由此也可得知股票當天的漲停板及跌停板價。

下單區。

● 委託單查詢及成交回報區。

● 盤中會揭露未成交之最高5檔買進，及最低5檔賣出之申報價格與張數，除了可知道每一價位市場想買或想賣的數量外，也可看出盤中買盤與賣盤之間的力道拉鋸。例如買進價位的委託數量一直在減少，且價格愈來愈低，則表示目前的賣盤力道大過買盤力道。

網路下單

　　網路下單不必跟證券商面對面，只要在家中或辦公室連上證券商的網站，登入後前往下單區，按照欄位指示完成輸入，按下送出鍵，委託單就傳送出去了。

　　接下來，投資人可在網路系統內立即查詢委託單是否委託成功，而尚未成交之委託單還可進行改量（也就是修改買賣張數）或刪單的動作。

　　因此，利用網路下單是相當方便的。

一般來說，投資人可在交易日早上8：30開始即可委託下單，9：00準時開盤，下午1：30收盤。投資人也可在當日收盤後、隔日8：00半前利用網路預約下單，待8：30以後就會成為正式委託單了，這功能非常適合上班族的投資人。

委託單輸入範例

假設王小明要買進1張（1000股）聯鈞（3450）股票，願意買進的價格是46.8元。

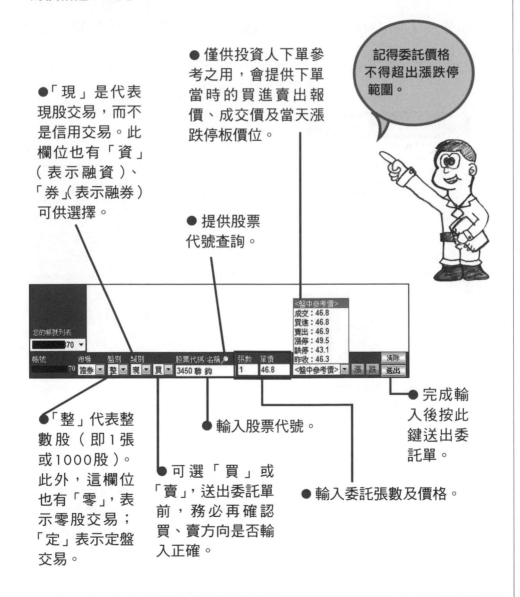

● 僅供投資人下單參考之用，會提供下單當時的買進賣出報價、成交價及當天漲跌停板價位。

記得委託價格不得超出漲跌停範圍。

●「現」是代表現股交易，而不是信用交易。此欄位也有「資」（表示融資）、「券」（表示融券）可供選擇。

● 提供股票代號查詢。

●「整」代表整數股（即1張或1000股）。此外，這欄位也有「零」，表示零股交易；「定」表示定盤交易。

可選「買」或「賣」，送出委託單前，務必再確認買、賣方向是否輸入正確。

● 輸入股票代號。

● 輸入委託張數及價格。

● 完成輸入後按此鍵送出委託單。

當面委託

　　如果你習慣在證券商營業大廳看盤，你可能會用「當面委託」的方式下單，這時就必須要自己填寫委託單了。目前台灣股市僅接受「限價委託」，下單時必須設定一個願意買進或賣出的價格。

買進委託單

假設王小明要買進1張（1000股）台積電股票，願意買進的價格是82元，當股價來到82元以下價位時，該買進委託將會成交。

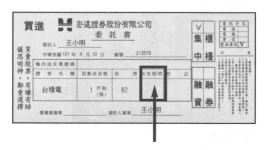

● 如果沒有填寫，視同當日有效。

賣出委託單

假設王小明要賣出1張台積電股票，願意賣出的價格是85元，當股價來到85元以上價位時，該賣出委託將會成交。

為什麼必須知道股票撮合方式？

　　股票的撮合方式會影響投資人下單的難度與風險，所以不可不知。

　　過去台灣上市股票盤中的撮合方式，是採取連續競價且有上下二檔（也就是2個最小升降單位）的限制；換句話說，前後次的成交價格不會相差太大，投資人下單的難度與風險較低。

　　但自2002年7月起，台灣上市股票改採與上櫃股票一樣的「集合競價」撮合方式，並取消上下二檔限制，這方式是將同一時間、所有價位的委託買賣單，集合在一起，然後取「可成交數量最大的價位」為成交價格，並每隔一段時間（現為20秒）撮合一次。

　　這樣的撮合方式將會提高投資人下單的難度及風險，因為盤中股價可在當日漲跌幅範圍內的任一價位成交，當買盤或賣盤力道出現一面倒時，就可能將股價一舉拉到漲停或殺到跌停，股價波動風險較大，如果投資人以市價委託，將容易買到漲停板價位，而賣在跌停板價位。

投資小常識

雖然台灣股市無法執行市價委託，但很多投資人會將買進委託價格設在漲停板價位，或將賣出委託價格設在跌停板價位，來取代市價委託，因為這樣的委託除非漲停或跌停鎖死，否則一定可以成交，與市價委託無異。

集合競價的撮合原則

假設台塑（1301）股票「開盤」前30分鐘所有的買賣委託單內容如下，撮合原則為價格優先（買進價愈高或賣出價愈低者優先撮合）、時間優先。

買進		賣出	
價格	張數	價格	張數
75.2	200	~~75.4~~	~~200~~
75.1	300	~~75.3~~	~~100~~
75.0	300	75.2	300
~~74.9~~	~~500~~	75.1	100
~~74.8~~	~~100~~	75.0	400

千萬不要為了一定要買到股票或賣出股票，而將買進委託價格設在漲停板價位，或將賣出委託價格設在跌停板價位，因為依目前的撮合方式，你可能真的會買在漲跌板價格，或賣在跌停板價格，因而得不償失。

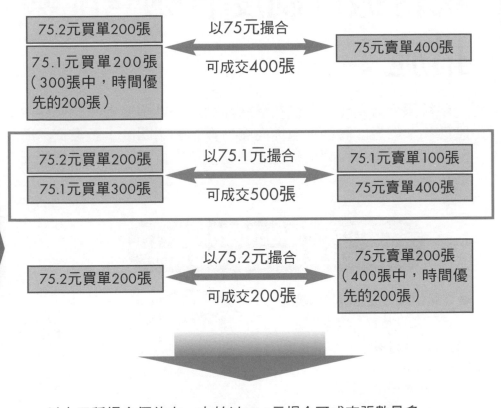

75.2元買單200張 ── 以75元撮合 ── 75元賣單400張
75.1元買單200張（300張中，時間優先的200張） ── 可成交400張

75.2元買單200張 ── 以75.1元撮合 ── 75.1元賣單100張
75.1元買單300張 ── 可成交500張 ── 75元賣單400張

75.2元買單200張 ── 以75.2元撮合 ── 75元賣單200張（400張中，時間優先的200張）
── 可成交200張 ──

以上三種撮合價位中，由於以75.1元撮合可成交張數最多，
所以，75.1元為開盤成交價

撮合時，從買方的立場來看，可以接受低買，但不能買得比買單價格高。

撮合時，從賣方的立場來看，可以接受高賣，但不能賣得比賣單價格低。

現行撮合制度有哪些配套措施？

現行撮合方式允許股價在漲跌幅範圍內自由波動，為使盤中股價不至於過度震盪，並提高交易資訊的透明度，證券交易所配套實施「盤中瞬間價格穩定措施」及「揭露未成交買賣委託價量資訊」。

盤中瞬間價格穩定措施及揭露未成交買賣委託價量資訊

● 當盤中試算成交價超過最近一次成交價的上、下3.5%時：

●就延緩該盤撮合，2～3分鐘後再行撮合。

●揭露延緩撮合的訊息。

● 揭露未成交最佳5檔買賣委託價量的資訊。

揭露延緩撮合的訊息，目的在於：讓投資人有改單、改價及改量的緩衝時間，冷靜思考下一步的投資決策。

投資錦囊

由於股票收盤價是由收盤前5分鐘內所有尚未成交或新輸入的委託單，利用一次性的集合競價來決定，在過去就常出現主力作手偷拉尾盤或殺尾盤的情況，也就是出現收盤價與收盤前5分鐘最後一筆成交價落差太大的現象，如此將有損小額投資人的權益。為了避免尾盤出現人為作價的問題，2012年2月20日起又實施收盤前資訊揭露及配套措施。

避免尾盤被人為作價實施措施

● 收盤前5分鐘（13：25～13：30），將比照盤中集合競價撮合間隔時間（現行約20秒），揭露模擬撮合後的最高一檔買進價及最低一檔賣出價給投資人參考。

收盤時配套實施類似盤中瞬間價格穩定措施

● 股票收盤前一分鐘（13：29～13：30），如任一次模擬撮合成交價格與前一次模擬撮合成交價格漲跌超過3.5%時，該股票於13：30不進行收盤撮合。

● 13：31起暫緩2分鐘收盤，這2分鐘內接受新增、取消或修改委託，至13：33停止接受委託並收盤，該段時間內，持續揭露模擬撮合後最高一檔買進價格，及最低一檔賣出價格的資訊。

● 如果該日有暫緩收盤的股票，那麼大盤指數將延後至13：33計算。

● 如果該日無暫緩收盤的股票，則大盤指數仍維持原作業時間（13：30收盤）。這項制度實施後，尾盤作價情況就減少很多。

撮合制度的配套措施

盤中	收盤前 5分鐘
盤中實施瞬間價格穩定措施	13:25～13:30 揭露模擬撮合後的最高一檔買進價及最低一檔賣出價
揭露未成交最佳5檔買賣委託價量資訊	13:29～13:30 實施瞬間價格穩定配套措施

什麼是逐筆競價？

　　為提高撮合效率，台灣證券交易所規劃於未來將股票盤中撮合方式改成「逐筆競價」。在逐筆競價中，每一筆新進來的委託單立即與當時未成交的委託單撮合，能夠成交者立即撮合成交，不能成交者，則以「時間優先」為原則，留待下一次撮合。這種撮合方式的成交速度將快於目前約20秒撮合一次的「集合競價」方式，對提高交易效率將有非常大的幫助。為了讓投資人適應未來的新制度，台灣證券交易所規劃於2013年下半年起分三階段調整集合競價的撮合時間，由每20秒，逐步調整為15秒、10秒、5秒。

逐筆競價的撮合原則

假設有一筆84元10張買單進來……

最佳5檔資訊揭露

買量	買價	賣價	賣量
61	83.7	83.9	5
47	83.6	84.0	21
192	83.5	84.1	1
97	83.4	84.3	75
237	83.3	84.4	46

● 這5張會全部以83.9元成交。

● 其中5張會以84元成交，剩下16張留待下次撮合。

投資錦囊

同樣在台灣證券交易所上市的權證，盤中交易早就在2010年6月28日起改為逐筆競價了。

　　本次隨到隨撮的結果：83.9元成交5張　84元成交5張
所以逐筆競價的成交價可能有多個，不像集合競價只有一個成交價。

今天買進的股票，可以在當天賣出嗎？

　　如果是「現股交易」，你今天買進的股票不可以在當天賣出。為什麼？因為在同一天現股買進及賣出同一上市（櫃）股票，不得互為相抵辦理交割。

　　雖然，今天買進的股票在當天不能賣，但在下一個交易日就可以下單賣出了，不必等到下二個交易日真正拿到股票後才能賣出。然而，如果使用「融資融券交易」，「融資買進」的股票可以當天用「融券賣出」來結清（融資融券交易於下一篇將有進一步說明）。

　　而目前政府正規劃開放「先買後賣」的現股當沖交易。如果開始實施，未來投資人現股買進的股票，當天就可以賣出。

現股交易，隔日沖

假設2013年1月8日現股買進宏達電股票……

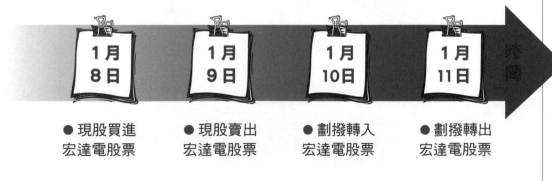

1月8日	1月9日	1月10日	1月11日
●現股買進宏達電股票	●現股賣出宏達電股票	●劃撥轉入宏達電股票	●劃撥轉出宏達電股票

成交後何時交付款券？

　　當你所下的委託單成交之後，將進入交割作業，依據2009年2月2日起實施的「T+2款券交割制度」，你必須在成交日後的第二個營業日（也就是T+2日）上午10：00以前交付款券給證券商，如果沒有在規定時間內交付，將構成違約交割，那麼，未來5年你將無法下單或開立別的證券帳戶。

投資小常識

雖然交割期限是T+2日，但為了保險起見，如果你的帳戶餘額不足，營業員還是會在成交隔天工作日，通知你將交割價款盡早存入，以免發生違約交割。

成交日後的第二個營業日上午10：00以前交付款券給證券商

你將款券交付給證券商之後，
證券商會在早上11：00後與證券交易所完成交割手續

你在T+2日就可以取得買進的股票或賣出的價款

投資錦囊

由於目前台灣是採取「集中保管劃撥交割制度」（簡稱集保制度），你所買進的股票都會通過集保制度劃撥到你的證券存摺，而你所賣出的股票也會從證券存摺劃撥出去。所以如果是賣出委託單成交，通常不須親自將股票交付給證券商，系統會直接將你的股票從證券存摺轉出。

但如果是買進委託單成交，就必須親自將交割價款（投資本金+買進手續費）存入當初開戶時開立的銀行帳戶，證券商再從你的銀行帳戶內扣款，完成交割後拿你的證券存摺去證券商補登，就會出現你買的股票了。

實際範例

假設你在2012年4月11日，以82元成交買進一張台積電股票。

你必須在4月13日早上10：00以前將82,116元存入交割銀行帳戶。

投資本金＝82元×1000股＝82,000元

買進手續費＝82,000元×0.001425＝116元

交割價款＝82,000元＋116元＝**82,116元**

當證券商與證券交易所完成交割作業（早上11：00後），你就能取得一張台積電股票了，當然它是會出現在你的證券存摺上。

收盤後還可買賣股票嗎？

　　2000年，證券主管機關為了延長股市交易的時間，開始實施「盤後定價交易」，也就是在收盤之後下單買賣股票，交易時間是每交易日14：00～14：30。因此，如果你在股市正常交易時間（也就是9：00～13：30）沒空下單買賣股票，還可以利用盤後定價交易。

盤後定價交易注意事項

1 委託數量要以1張（1000股）為基本單位，一次買賣同一股票的數量，不可以超過499張。

2 下單時間是每交易日14：00～14：30，當日14：30進行電腦隨機撮合，並一律以委託當日股票的「收盤價」為成交價格，交割週期同樣是成交日後的第二個營業日（即Ｔ＋2日）。

3 如果你要買賣的股票當日沒有收盤價，將暫停盤後定價交易。

4 如果你在正常交易時間以「現股」方式買進某張股票，並「不能」利用盤後定價交易賣出這張股票。

5 如果你在正常交易時間以「融資」方式買進某張股票，可以
利用盤後定價交易，「融券」賣出這張股票，進行當日沖銷
的動作。

下單軟體盤後定價交易範例

● 輸入要買賣的張
數，以1張為單位。

● 不須輸入單
價，系統會自
行設定為當日
收盤價。

● 若要現股交易，在
此欄位要選擇「現」。

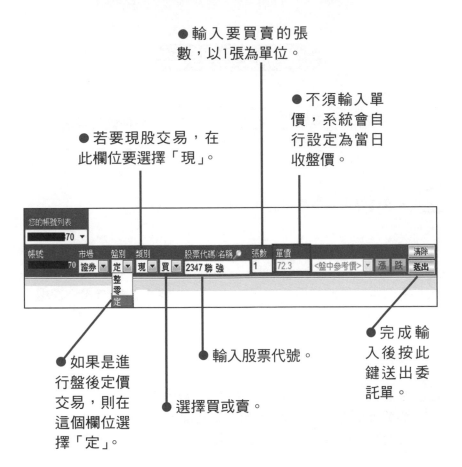

● 如果是進
行盤後定價
交易，則在
這個欄位選
擇「定」。

● 輸入股票代號。

● 選擇買或賣。

● 完成輸
入後按此
鍵送出委
託單。

如何處理手上的零股？

　　如果你長期投資股票，手上或多或少都可能會有一些股數不到1000股的零股（這些零股可能來自股票股利的發放或者因公司募資而認購的股票）。而這些零股要如何處理呢？其實你可以利用「零股交易」將手上的零股直接出脫，或是將股數補足到1000股再以正常交易賣出。

零股交易規則

1 　以一股為一交易單位，委託數量必須為一股或其整倍數。

2 　下單時間是每交易日的13：40～14：30。

3 　所有委託單將於委託當日14：30，以集合競價方式一次撮合成交。

4 　委託買賣的價格範圍與一般正常交易相同，以當日個股開盤參考價上下7%為限。如果是初次上市（櫃）股票，它的零股交易於掛牌首5日的委託價格，則沒有漲跌幅限制。

下單軟體零股交易範例

● 輸入要買賣的股數，以1股為單位。

● 委託價格可設在跌停4.63元至漲停5.31元之間。

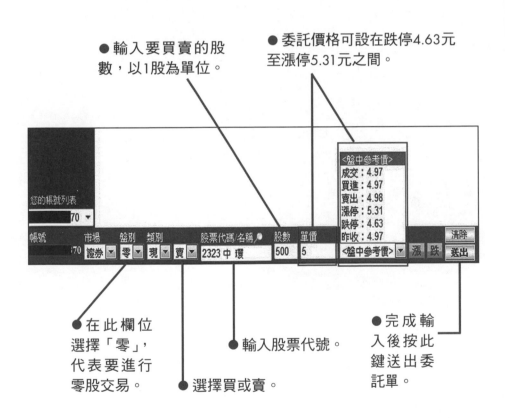

● 在此欄位選擇「零」，代表要進行零股交易。

● 選擇買或賣。

● 輸入股票代號。

● 完成輸入後按此鍵送出委託單。

投資股票有哪些報酬？

投資股票之後，當公司有盈餘時，投資人（股東）可能會獲得公司配發的股利。除此之外，也可以賺取買賣股票的價差。

投資股票的獲利來源

1 股利收入

當公司有盈餘時，公司可決定將部分或全部的盈餘分配給股東。股利發放的方式有兩種：一種是直接發放現金給股東，也就是現金股利；一種是發放股票給股東，也就是股票股利。

股 利 憑 單
Dividend Statement（電子申報專用）
第01次分配

營利事業統一編號	種 憑 機 體	製 單 編 號	格式代號及所得類別
91888619	T91	1010577591888619	54C 營利所得 Dividend
所得人統一編(證)號 Taxpayer's ID NO.	國內有無住所 Residency		所得人代號或外僑護照號碼 Passport No.
	等(✓)無( )		A123456####

| 所得人姓名 Name of Taxpayer | 王小明 |
| 所得人地址 Present Address | 台北市基隆路一段180號4樓 |

| 所 得 所 屬 年 度 Year of Income | | 所得給付年度 Year of Payment | 稅額扣抵比率(%) Creditable Ratio |
| 100 | | 101 | 7.59 % |

股利總額(A=C+D)Gross Dividends (Earnings)	可扣抵稅額(C=(D)(+E))Imputation Tax Credit	股利淨額(D=D1+D2+D3) Net Dividends (Earnings)
4,682	330	4,352
	盈餘配股金額等面額(D2)其他現金股利 (D3)股票股利	
	0	1,362 2,990

| 營 利 事 業 | 備 註 |

名 稱	國紙國際股份有限公司
地 址	屏東縣枋寮鄉新開村媽祖路400號
負責人	莊家源

第2聯：備查聯 交所得人保存備查 Copy II For the taxpayer's reference

目前大部分公司會採部分現金、部分股票的方式發放股利。而很多發展成熟或微利化的科技類股多以發放現金股利為主，以避免股本持續膨脹、稀釋獲利。

股票股利 vs. 現金股利

如果公司的發展比較需要現金，例如擴充廠房設備等

如果公司的發展階段比較成熟

這類公司會比較偏向
發放股票股利

這類公司會比較偏向
發放現金股利

● 以新興產業類股為代表

● 以傳統產業類股為代表

參考公式

股息殖利率＝現金股利÷股價

配股率＝股票股利÷面額（10元）

範例

2011年，觸控面板大廠宸鴻（3673）每股大賺48.22元，決定每股配發20元現金股利及3元股票股利，則配股率為：

配股率＝3÷10×100％＝**30％**

假設你持有1張（1000股）宸鴻股票，將可獲配的股利為：

現金股利＝20元×1000股＝**20,000元**

股票股利＝1000股×30％＝**300股**

2 價差收益

價差收益是指因股價波動而使投資人在一買一賣之間可以賺得的報酬。買入股票後，如果股價上漲，投資人將有資本利得；如果股價下跌，則有資本損失。因此，投資人是否能賺取資本利得，得看他個人的投資判斷與市場行情而定。

買低賣高是投資人賺取資本利得的唯一方法，然而，買低賣高看似簡單，卻不是人人都做得到。

範例

假設你持有1張（1000股）台積電（2330）股票，買進成本為80元，如果你在100元出脫持股，你將可賺得的價差收益為：

價差收益＝（100元－80元）×1000股＝**20,000元**

股利＋價差的獲利

假設你在今年1月買進一張股票，每股成本50元。8月時取得每股2元現金股利及1元股票股利。之後，你連同股票股利將該股票全部出脫，賣出價格為60元，在未考慮手續費及證券交易稅的情況下，你將有的報酬為：

現金股利＝2元×1000股＝2,000元

股票股利＝1000股×10%＝100股

股票股利賣出價款＝60元×100股＝6,000元

價差收益＝（60元－50元）×1000股＝10,000元

獲利報酬＝現金股利＋股票股利賣出價款＋價差收益

＝2,000元＋6,000元＋10,000元＝18,000元

不足1000股的股票股利，必須透過零股交易（以1股為交易單位）才能賣出，委託下單時間為13:40～14:30。

投資錦囊

國內有些公司每年發放的現金股利金額均十分穩定，對保守型的投資人而言，這些公司都是值得長期持有的投資標的，例如，中鋼（2002）、台塑（1301）、中華電（2412）、台積電（2330）等。

如何才能獲配公司發放的股利？

公司發放股利時，通常會先由董事會決定股利發放的金額，並交付股東會表決，如果表決通過，會後董事會將宣告最終的股利發放金額和除息、除權基準日，以及股利發放日。

股利發放的 5 個相關日期

• 因公司股東名冊常會有所更動，公司發放股利時，通常會訂定某日為「除息、除權基準日」，以這天的實際股東名冊為基準來配發股利。

• 從基準日起往前推算 5 日為「開始停止過戶日」。

宣告日 ── 除息除權日 ──2個營業日── 停止過戶日 ──5日── 除息除權基準日 ── 股利發放日　　時間

• 開始停止過戶日的前兩個營業日為「除息、除權日」。如果公司只發放現金股利，稱為除息日；若公司只發放股票股利，稱為除權日。投資人必須在除息日或除權日（不含）之前持有或買進公司的股票，才有權利獲配公司的股利，稱為「參與除息、除權」。

投資小常識

現行股票交割週期為T＋2，且股票交割均採集保劃撥方式，也就是在買進交易日後2個營業日才會進行交割與過戶。由於開始停止過戶日為除息、除權日的後2個營業日，因此當投資人在這天或之後才下單買進股票，將無法在開始停止過戶日之前完成股票的過戶。

範例

以PCB廠商欣興（3037）為例，2011年6月30日董事會決議，宣告每股配發2.6元現金股利，並訂8月8日為除息基準日，8月16日為現金股利發放日，那麼什麼時候抱股才能配息？

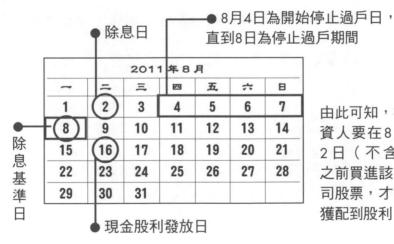

● 除息日

●8月4日為開始停止過戶日，直到8日為停止過戶期間

2011年8月						
一	二	三	四	五	六	日
1	2	3	4	5	6	7
8	9	10	11	12	13	14
15	16	17	18	19	20	21
22	23	24	25	26	27	28
29	30	31				

除息基準日

現金股利發放日

由此可知，投資人要在8月2日（不含）之前買進該公司股票，才能獲配到股利。

如果投資人不想獲配公司發放的股利，便可在除息、除權日之前賣出持股，因此，有些股票在除息、除權日之前常會有「棄息、棄權」的賣壓，壓抑股價的走勢。

何謂除息、除權參考價？

　　股票在除息、除權日當天，會將分配給股東的現金股利與股票股利的利益從股價中扣除，計算出「除息、除權參考價」或「減除股利參考價」。

　　如果公司在分配股利的同時沒有辦理現金增資，「除息、除權參考價」將會等於「減除股利參考價」，並以此作為計算除息、除權日當天該股票的漲停板價及跌停板價（現行漲跌幅限制為7％）。

除息、除權參考價＋7％漲幅 除息、除權日漲停板價

除息、除權參考價－7％跌幅 除息、除權日跌停板價

現金股利會使公司價值減少，而股本不變；股票股利會使股本變大，而公司價值不變。所以，發放股利會使公司每股價格值減少，因而除息、除權時要調整股價。

參考公式

除息、除權參考價

$$= \frac{除息、除權前一交易日收盤價-現金股利+現金增資認購價\times現金增資配股率}{1+股票股利配股率+現金增資配股率}$$

$$減除股利參考價 = \frac{除息、除權前一交易日收盤價-現金股利}{1+股票股利配股率}$$

範例

投資人可從專業財經報紙或交易所網站中取得當天除息、除權個股的相關資訊：

今日除權除息上櫃股票

單位：元

股票		前一日收盤價	除權除息參考價	減除股利參考價	漲停	跌停	每股現金股利	轉增資每千股無償配發	權息值
6023	寶來期	39.30	36.90	36.90	39.45	34.35	2.396	0股	2.40

資料來源：櫃檯買賣中心，2012年3月21日

以寶來期（6023）2012年3月21日的除息日為例，每股配發2.396元的現金股利，3月20日（除息前一交易日）的收盤價為39.3元，則：

除息參考價：39.3元－2.396元＝36.904元，考量股價介於10～50元區間的最小升降單位為0.05元，因此以36.9元為計算漲、跌停板價的基準。

除息當天漲停板價：36.9×（1＋7%）＝39.483，因其最小升降單位為0.05元，且又不能超出7%的漲幅限制，因此以39.45元為漲停板價。

除息當天跌停板價：36.9×（1－7%）＝34.317，因其最小升降單位為0.05元，且又不能超出7%的跌幅限制，因此以34.35元為跌停板價。

除息、除權前後的持股價值

假設景碩（3189）每股發放2元股票股利（配股率20％）及1元現金
股利，如果在除息、除權前一交易日的收盤價為100元，則除息、除
權參考價計算如下：

除息、除權參考價＝（100－1）÷（1＋20％）＝82.5元

如果以除息、除權參考價計算，除息、除權前後持股價值（含現金股
利及股票股利）將會相等。

除息、除權前一交易日	除息、除權日
	現金股利 1元×1000股＝1,000元
	股票股利 82.5元×200股 ＝16,500元
100元×1000股 ＝100,000元	82.5元×1000股 ＝82,500元

是否要參與除息、除權？

　　既然除息、除權當天會將現金股利與股票股利的利益從股價中扣除，那麼投資人應該參與除息、除權嗎？關於這個問題，投資人應考量下列因素：

是否參與除息、除權的考量

1 填息、填權的機率高不高？

股價在除息、除權之後，上漲超過除息、除權參考價的現象稱為「填息、填權」，如果能填息、填權，投資人才會因為股利的發放而產生收益。相反的，如果出現「貼息、貼權」（股價在除息、除權之後跌破除息、除權參考價的現象），投資人不僅不會因為股利的發放而產生收益，反而會有損失。

一般而言，股市屬於大多頭行情時，個股填息、填權的機率比較高，參與除息、除權的勝算就比較高；但是如果股價在除息、除權之前已漲一大段了，建議你不要參與除息、除權。

填息、填權

假設景碩（3189）在除息、除權前一交易日的收盤價為100元，
則除息、除權參考價為82.5元，如果除息、除權日之後，展開填
息、填權行情，漲到100元「完全填息、填權」的價位，持股價值
將增加到121,000元，獲利21,000元。

除息、除權前一交易日
收盤價100元

除息、除權日之後
股價漲到100元

現金股利

1元×1000股＝1,000元

股票股利

100元×200股
＝20,000元

100元×1000股
＝100,000元

100元×1000股
＝100,000元

獲利
21,000元

貼息、貼權

相對的，如果除息、除權日之後，股價下跌至75元，出現貼息、貼權的情況，這時持股價值將降低到91,000元，反而造成9,000元的損失。

除息、除權前一交易日
收盤價100元

除息、除權日之後
股價跌到75元

現金股利

1元×1000股＝1,000元

股票股利

75元×200股
＝15,000元

100元×1000股
＝100,000元

75元×1000股
＝75,000元

損失
9,000元

2 稅額扣抵比率是否高於你適用的綜合所得稅率？

股東可扣抵稅額是因「兩稅合一」稅制而來，公司發放給股東的股利基本上是來自於稅後淨利，既然公司已繳納過營利事業所得稅，為避免重複課稅，股東獲配股利時當可從綜合所得稅應納稅額中扣除營利事業已繳納部分的稅額，這稅額稱為「可扣抵稅額」。

如果稅額扣抵比率低於你適用的綜合所得稅率，你就必須就差額部分補稅；相對的，如果稅額扣抵比率高於你適用的綜合所得稅率，反而可以退稅，這時參與除息、除權便有節稅的好處。

股 利 憑 單
Dividend Statement (電子申報專用)
第01次分配

營 利 事 業 統 一 編 號	稽 徵 機 關	製 單 編 號	格式代號及所得類別
91888619	T91	1010577591888619	54C 營利所得 Dividend

所得人統一編(證)號 Taxpayer's ID NO.	國內有無住所 Residency	所得人代號或外僑護照號碼 Passport No.
A123456※※※	有(✓)無( )	

所得人姓名 Name of Taxpayer　王小明
所得人地址 Present Address　台北市基隆路一段180號4樓

所 得 所 屬 年 度 Year of Income	所得給付年度 Year of Payment	稅額扣抵率%(B)Creditable Ratio
100	101	7.59 %

股利總額(A=D+C)Gross Dividends (Earnings)	可扣抵稅額(C=(D-D1)×B) Imputation Tax Credit	股利淨額(D=D1+D2+D3) Net Dividends (Earnings)		
				4,352
4,682	330	(D1)無可扣抵稅額盈餘 買未公積轉增資股利	(D2)其他現金股利	(D3)股票股利(299)股
		0	1,362	2,990

營 利 事 業	備 註
名 稱 國統國際股份有限公司	
地 址 屏東縣新園鄉新圍村媽祖路400號	
負責人 梁家源	

第2聯：備查聯　交所得人保存備查　Copy II For the taxpayer's reference

參考公式

可扣抵稅額＝股利淨額×稅額扣抵比率

綜合所得稅應納稅額
＝〔綜合所得總額（包含股利所得）－免稅額－扣除額〕×稅率
　－累計差額－扣繳稅額－可扣抵稅額

現金股利vs.股票股利

　　現金股利與股票股利各有其優缺點。現金股利因可直接獲得現金，投資人感覺較有保障，同時也可直接拿來運用，不必擔心變現問題。至於股票股利，雖然會增加投資人持有的股票數量，但因除權參考價大幅調整，除非該股票在除權日之後出現「填權」的走勢，否則投資人將不會因發放股票股利而有所獲益，甚至可能出現「貼權」的情況，進而產生損失。

　　雖然現金股利同樣也會有貼息的情況產生，但因除息參考價的調整幅度遠小於除權參考價，股票在除息日之後完成填息的機率相對較高。此外，由於發放股票股利會使公司的股本膨脹，若公司獲利成長不及股本增加速度，將會稀釋每股盈餘，進而影響股東的權益。

股票股利是由盈餘轉增資或資本公積轉增資而來，所以會增加公司股本。

　　當一家公司宣布將發放高股息時，股價通常會以上漲來回應公司的高股息政策，故投資人應多加注意各公司發放股利的情況，以掌握高股息殖利率的個股。

現金股利和股票股利比一比

項目	現金股利	股票股利
發放形式	現金	股票（盈餘或資本公積轉增資）
對公司資產的影響	減少	沒有影響
對保留盈餘的影響	減少	減少
對股東權益的影響	減少	沒有影響（保留盈餘移轉到股本）
對股本的影響	沒有影響	增加
對流通在外股數的影響	沒有影響	增加
每股淨值	減少	減少

投資股票會有哪些相關的費用？

了解股票的報酬來源之後，投資人還必須知道投資股票的相關費用與稅負，以免讓過高的交易成本侵蝕掉獲利。

投資股票的相關費用

1 交易手續費

目前，買進股票及賣出股票必須按成交金額支付「交易手續費」給證券經紀商，費率上限為1.425‰。

實務上來說，證券經紀商都會給自己客戶手續費折扣，尤其是電子下單的手續費甚至可以降到1.7折～6.5折，因此投資人在尋找證券經紀商時，最好貨比三家，找出下單方便、手續費折扣高的證券經紀商，如此將可省下不少的交易成本。

在買進或賣出股票成交時，證券商都會自動從你應付買進的股款中，加計交易手續費；在你應得賣出的股款中，扣減交易手續費。所以，投資人不必費心去計算。

2 證券交易稅

在稅負方面，賣出股票時必須按成交金額支付3‰的「證券交易稅」給政府，證券經紀商會幫政府代徵這筆稅。

範例

假設你一個星期前，以每股56元買進1張裕隆（2201）股票，今天以每股60元賣出裕隆股票，在計算交易手續費（1.425‰）及證券交易稅（3‰）的情況下，你的淨投資損益計算如下：

買賣須承擔的交易成本

買進手續費1.425‰＋賣出手續費1.425‰＋證券交易稅3‰
＝5.85‰

價差收益＝（60元－56元）×1000股＝4,000元

買進交易手續費＝56元×1000股×1.425‰≒79元

賣出交易手續費＝60元×1000股×1.425‰≒85元

賣出時的證券交易稅＝60元×1000股×3‰＝180元

淨投資損益＝4,000元－79元－85元－180元＝3,656元

投資報酬率＝3,656元÷（56元×1000股）×100%＝6.53%

在此採小數點以下無條件捨去方式計算。

短線交易的成本相當驚人

從前面例子來看，單獨看買賣一趟的成本5.85‰，好像不多，但如果你一年來回買賣171趟（約2天買賣一趟），假設這檔股票的價格都不變，你知道要支付多少交易成本嗎？

答案是100%，換句話說，你所付掉的交易成本已經跟你的投資本金一樣多了。

$$5.85‰ \times 171趟 \fallingdotseq 100\%$$

3 證券交易所得稅
（即資本利得稅）

為求租稅公平，2013年起復徵證券交易所得稅，課稅方式如右表。

每逢政府討論是否要課徵證券交易所得稅時，股市都會以下跌回應。

4 健保的補充保險費

「二代健保」已於2013年元旦上路，投資國內股票所獲配的現金股利，金額若超過5,000元，公司將於給付現金股利時按2%扣取健保的補充保費給健保局。而股票股利則以每股面額10元計算，若配股數乘以每股面額10元後的金額超過5,000元（也就是單次配股數超過500股），也必須繳納2%的補充保費，若發放股票股利的公司同時也有發放現金股利，則股票股利的補充保費將從現金股利中扣取；若否，將由健保局另外開單收取。因此，投資人如果想避開健保的補充保費，可以不要參與除息（權）或選擇存託憑證、第一上市（櫃）等外國公司的股票投資，就不會多出這筆費用了。

證券交易所得稅課稅方式

個人部分		
	可任意選擇以下之設算制或核實制	
2013年及2014年	設算制	• 8500點≦指數＜9500點：依賣出金額扣繳0.2‰的證券交易所得稅。 • 9500點≦指數＜10500點：依賣出金額扣繳0.4‰的證券交易所得稅。 • 10500點≦指數：依賣出金額扣繳0.6‰的證券交易所得稅。
	核實制	• 與綜合所得稅合併申報，證券交易所得分開計稅；稅率為15%，持有股票超過一年期間者稅率為7.5%，持有初次公開發行股票（IPO）超過三年期間者稅率為3.75%。 • 採當年度盈虧互抵，當年證券交易損失，可從當年度證券交易所得中減除，但虧損不得後延。 • 強制適用對象 1.出售2013年以後初次公開發行股票每年達10張以上者。 2.每年出售興櫃股票達100張以上者。 3.非境內居住之個人。 4.出售未上市（櫃）股票者。
2015年以後	取消設算制，核實制繼續實施，除原先強制適用對象外，適用對象再納入當年度證券出售金額超過10億元以上的個人。	
法人部分		
納入最低稅負制，稅率12%～15%，扣除額為50萬元，持有三年以上的股票享稅率減半優惠，虧損當年度可扣除及後延五年。		

哪些因素會造成股票投資風險？

　　股票雖然具有較高的預期報酬，但也隱含了不少的投資風險。投資人在進行股票投資前，除了積極爭取潛在報酬外，也應有強烈的風險意識，才能在千變萬化的股市裡，股海揚帆。基本上，投資股票的風險來源有個別產業因素、個別公司因素、總體經濟因素、市場內部因素及非經濟因素等，分別說明如下：

投資股票的風險來源

1 個別產業因素

● 產業發展階段

草創期或新興產業的預期報酬較高，但負擔的產業風險也較高；反觀成熟期產業的風險較低；處於衰退期的產業則不值得投資。

● 產業景氣循環

產業成長趨緩或進入衰退時，股價通常會領先下跌。而各產業的景氣循環週期不一，如科技產業較短，傳統產業較長。

● 產業政策

當政府取消某產業的優惠措施（如租稅減免）時，將減弱產業獲利能力；反觀如果獲得政府支持，則有利產業發展，如目前政府推動的六大新興產業及新興智慧型產業等。

有些風險對股市的影響是長遠的，有些風險對股市的影響則是短暫的。如果是短暫的風險，投資人看到股市大跌時應該感到高興，千萬不要隨著市場一起恐慌，因為這時候才有便宜的股票可以買。

2 個別公司因素

● 管理階層

管理能力不佳或經常異動，個別公司風險愈高。

● 營運風險

公司固定成本愈高，獲利受景氣影響將會愈大，營運風險也愈高，如DRAM、面板、太陽能產業。

● 財務風險

公司負債比率愈高，財務風險愈高，又稱違約風險或信用風險。

● 法律訴訟風險

關鍵專利數愈少，公司遭受專利訴訟的風險愈高，例如目前智慧型手機產業大打專利戰爭，就是典型的例子。

3 總體經濟因素

● 物價

物價持續上漲將會降低民眾的購買力,如果從股市賺得的報酬率低於物價上漲率,投資人的實質報酬率將會小於0,這就是通貨膨脹風險或購買力風險。

● 景氣循環

景氣成長趨緩或進入衰退時,股市通常會領先下跌。

● 利率

高利率不利於股市上漲,因為資金會流到銀行存款,股市資金動能將會減少;此外,高利率也不利於公司經營,因為資金成本較高,會降低公司的獲利能力。

● 匯率

實質面而言,新台幣升值不利於出口廠商,貶值則不利於進口廠商;就金融面而言,新台幣有升值的預期比較有利於整體股市上漲,因為這時候全球資金會湧入國內。

● 金融危機

無論是本土性或全球性金融危機都會重挫股市,例如,1998年亞洲金融風暴、2008年金融海嘯、2011年歐洲主權債務危機等都造成全球性股災。

4 市場內部因素

● 交易機制及交易成本

交易機制愈不健全或交易成本愈高，投資人參與交易的意願將會
降低，愈不利股市發展，例如每當政府計畫課徵證券交易所得稅
時，都會引起龐大的股市賣壓。

● 交易活絡度

交易愈不活絡，股票的流動性風險愈高，例如興櫃股票的流動性
風險就比一般上市（櫃）股票高。

● 人為干預

每當股市重挫時，政府都會祭出干預市場的措施，例如禁止放空
或縮小跌幅限制，如此將會提高股市的流動性風險。

5 非經濟因素

● 政治因素或戰爭

例如，台灣股市受兩岸關係的影響非常大；911恐怖攻擊事件也曾
造成全球股市重挫；最近朝鮮半島的緊張情勢也常引起股市騷動。

● 天災

例如台灣的921大地震、日本的311大地震等，都對股市帶來極大的
衝擊。

如何才能降低投資風險？

　　我們常以「不要將所有的雞蛋放在同一個籃子裡」來闡釋風險分散的道理。這句話中的雞蛋好比可以投資的資金，籃子則是投資人所能投資的股票。將資金分散投資於不同的股票，即便某些股票出現虧損，其他股票也不見得會一起出現虧損。

　　即便投資人將資金投資於不同的股票，但是如果這些股票的同質性或連動性太高，這樣風險分散的效果仍有限，就跟把所有雞蛋放在同一個籃子裡可能面對的風險，是一樣的道理。

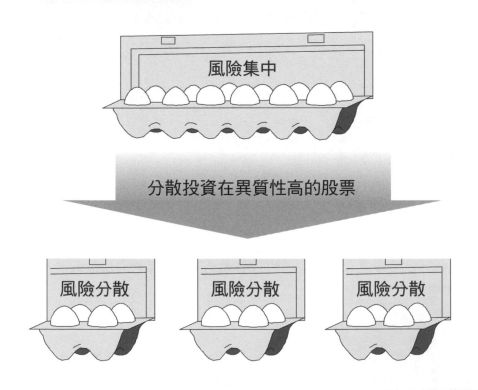

分散投資法

風險集中

分散投資在異質性高的股票

風險分散　　風險分散　　風險分散

　　換句話說，如果你持有愈多異質性或連動性不高的股票，風險分散的效果愈好；相反的，如果持有愈多同質性或連動性高的股票，就算分散投資，這樣風險分散的效果也不會太好。

　　分散投資的方法可以降低投資風險（例如個別產業或個別公司的風險），但對有些風險是無效的，尤其是來自總體經濟因素的風險。以2008年金融海嘯為例，在全球股市接連重挫期間，無論你持有哪種股票，都難逃跌價的命運。這種風險就稱為市場風險或系統風險，屬於不可分散的風險。

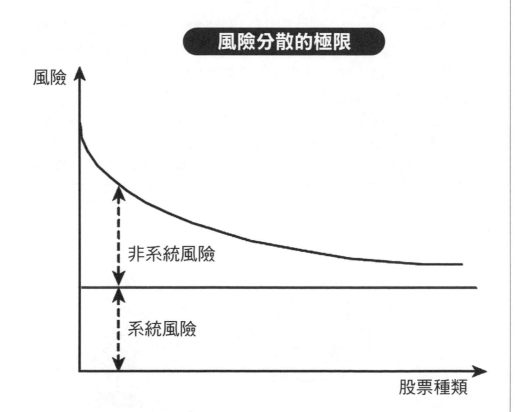

風險分散的極限

風險

非系統風險

系統風險

股票種類

是不是每個人都適合分散投資法？

　　一般人都知道分散投資可降低投資風險，但分散投資法適合每位投資人嗎？試想一個只有10萬元投資本金的投資人，他的投資標的能夠多分散呢？大概只能買進2～3檔中價位的股票。你可能會問，如果選擇10元以下的股票，不就可以投資將近10檔的股票，也能分散風險啊。試問，10元以下的股票值得投資嗎？手上如果都是不好的股票，就算持有多檔也是枉然，甚至還有可能會面臨股票下市的風險。

　　那麼小額投資人就沒有辦法分散風險嗎？如果單以股票投資而言，小額投資人的確很難分散風險，但目前市場上的基金商品則非常適合小額投資人作為分散風險的工具，例如共同基金或指數股票型基金（ETF）。共同基金是投信公司集合眾人資金後再委由專業經理人操盤的商品，由於資金有一定的規模可分散投資，所以具有風險分散的效果。指數股票型基金也是由投信公司發行，是一種指數化商品，目的是追蹤股價指數的績效表現，投資一檔指數股票型基金，相當於投資整個股價指數的成分股，風險分散的效果更為顯著。

相較於共同基金，指數股票型基金的交易方式跟股票一樣，投資人很容易上手，只要判斷指數漲跌即可。

共同基金與指數股票型基金的比較

項目	共同基金 （以開放型基金為例）	指數股票型基金 （ETF）
買賣管道	投信公司、銀行、證券商	與上市（櫃）股票相同
買賣價格依據	基金淨值	市場價格
交易資訊	收盤後才能得知當天的基金淨值	盤中即能得知交易價格
投資目標	除指數型基金外，大多以擊敗大盤為目標	以追蹤股價指數為目標
操作彈性	申購價格僅能以當天淨值計算，贖回時則以申請隔日淨值計算。無法信用交易，操作彈性較差	盤中隨時能夠交易，且能從事信用交易，看壞股市時能放空指數股票型基金，操作彈性較佳
投資費用	會有申購、贖回手續費，並從基金淨值中扣除管理費及保管費	買賣手續費與股票相同，證券交易稅1‰，同樣也會從基金淨值中扣除管理費及保管費，但管理費率遠低於一般共同基金
績效表現	除指數型基金外，視經理人操作功力而定	與股價指數亦步亦趨

哪種股票的股價波動會比較大？

　　一般而言，我們常會以股價的波動性來比較股票的投資風險，波動性愈大，投資風險愈高。通常，小型股的波動性會高於大型股。當股市處於多頭行情時，小型股的漲幅通常會大於大型股；同樣的，當股市處於空頭行情時，小型股的跌幅通常也會大於大型股。投資人可以根據自己的風險承受度，選擇適合的股票進行投資。

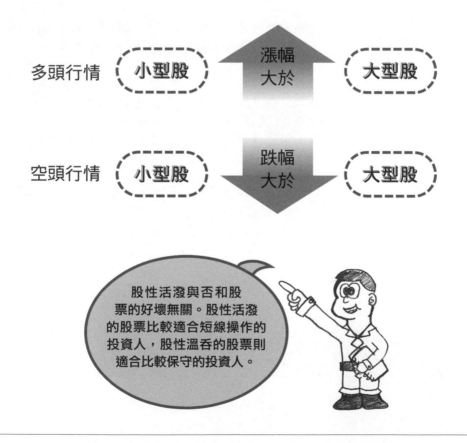

多頭行情　　小型股　　漲幅大於　　大型股

空頭行情　　小型股　　跌幅大於　　大型股

股性活潑與否和股票的好壞無關。股性活潑的股票比較適合短線操作的投資人，股性溫吞的股票則適合比較保守的投資人。

股票的波動性並非一成不變

● 在台灣股市中，哪一類股的波動性最大呢？相信大家的答案應該都是「電子股」。沒錯，過去電子股的股性在所有類股中是最活潑的，常常出現大漲大跌的走勢，投資人如果能抓住起漲點，獲利數倍是輕而易舉的事；相對的，如果投資人追到最高點，也很容易慘遭滑鐵盧。

● 隨著電子代工產業微利化的到來，有些「傳統」代工股的股價已經沒有以往活潑了，因為他們的業績已無法再激起投資人的熱情，以至於股價在低檔徘徊。

● 其實，股票的波動性並非一成不變，而是會隨著時間經過而改變的，有些股票可能從過去的高波動性轉變成低波動性，當然有些股票也可能從低波動性轉變成高波動性，例如，目前受惠於陸客來台旅遊的觀光股，其股性就愈來愈活潑了。

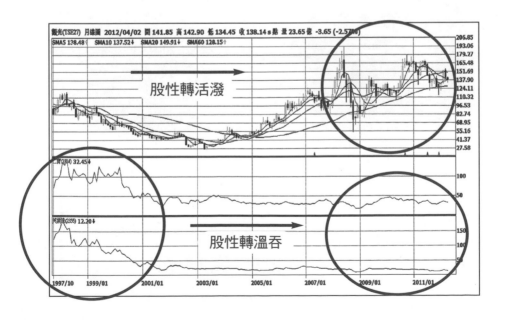

高風險眞有高報酬嗎？

　　我們常以「高風險、高報酬；低風險、低報酬」來闡釋風險
與報酬的關係，但承擔高風險，就一定會有高報酬嗎？答案是
不一定的。因為這句話中的報酬，是指預期報酬，而不是實際
報酬。也就是說，投資較高風險的股票，不一定會有較高的實
際報酬，而只是預期報酬較高而已。

銀行存款

假設現在小陳存了100萬元到銀行的定存戶頭裡，年利率1.3％，
一年後他「一定」可以領回多少？

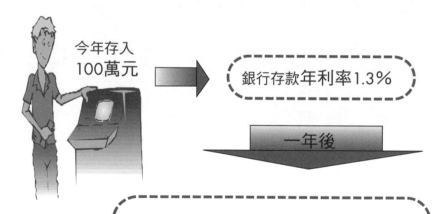

今年存入
100萬元

銀行存款年利率1.3％

一年後

1,000,000元×（1＋1.3％）＝1,013,000元

小陳「一定」可以領回1,013,000元

賺得1萬3千元

投資小常識

為什麼高風險的股票，必須要有較高的預期報酬呢？因為大多數投資人是不喜歡風險的，所以當股票本身隱含較高風險時，必須能提供較高的預期報酬以作為投資人承擔高風險的補償。

投資股票

假設老張今天以100萬元買進每股1,000元的大立光（3008）股票，一年後小陳賣股所能拿回的金額，視股價的漲跌而定……

今年買進1張1千元大立光股票：
100萬元

大立光股票每股1,000元

一年後

每股漲到1,200元

1,200元×1000股
＝1,200,000元

老張可拿回**120萬元**

賺得 20萬元

每股跌到600元

600元×1000股
＝600,000元

老張可拿回**60萬元**

損失 40萬元

由此可知，股票的報酬可能高於定存，但股票背後所隱含的「風險」也高於定存。

何時運用融資、融券？

　　融資融券簡單來說就是借錢買股票及借股票來賣。在前面章節中，我們曾經提到股市贏家特質之一就是不要借錢買股票，除非你是股市高手，否則不要輕易嘗試。既然如此為何要在這裡介紹融資融券呢？因為要先了融資融券的運作，才能體認融資融券的風險，或是在你成為股市高手時派上用場。

　　基本上，融資是作多的工具，融券是作空的工具。如果你認為台積電（2330）股票未來有上漲的空間，就可以「融資買進」該股票。當台積電股票真的漲上去時，你就可以「融資賣出」該股票，獲利出場。相反的，如果你認為台積點股票未來有下跌的空間，就可以「融券賣出」該股票，當台積電股票真的跌下去了，你就可以「融券買進」該股票，獲利出場。

融資融券的運用時機

多頭行情

融資買進

空頭行情

融券賣出

無論如何，仍要再次提醒你，在成為股市高手之前，少碰融資融券，否則在險惡的台灣股市中，很可能會提早畢業。

融資融券的第一步：開立信用交易帳戶

在前面篇章已經介紹如何開立證券帳戶，但這個帳戶只能從事現股交易，如果要融資融券，必須另外再開立信用交易帳戶。但也不是每位投資人都有資格開立信用交易帳戶，必須符合以下條件：

開立信用交易帳戶所需條件

1 身分

個人：年滿20歲且有行為能力的中華民國國民。
法人：依中華民國法律組織登記的法人。

2 交易經歷

最近一年內委託買賣成交10筆以上，累積成交金額達到所申請的融資額度50%者。
開立受託買賣帳戶未滿一年的人相同。

3 財力證明

最近一年的所得及各種財產合計，達到所申報融資額度的30%。
申請融資額度50萬元以下者，可以免附所得或各種財產的證明文件。

信用交易雙軌制

證券金融公司

簽訂代理契約

代理證券商

融資融券業務

投資人

證券商

投資錦囊

投資人可選擇在證券商或其代理的證券金融公司開立信用交易帳戶，每位投資人在同一家證券商或證券金融公司只能開立一個信用交易帳戶，且最高融資限額為6,000萬元，最高融券限額為4,000萬元，如果連續三年以上沒有信用交易，會被證券商或證券金融公司註銷信用交易帳戶。

如何進行融資交易？

　　基本上，融資交易就是向證券商或證券金融公司借錢買股票。融資買進股票時，必須按融資成數支付融資自備款，例如目前上市股票的融資成數是60％，代表你融資買進上市股票，必須支付40％的自備款，其餘60％則是向證券商或證券金融公司融資，而買進的股票必須當作融資的擔保品，等到以後你賣出股票時，再將融資金額加計利息償還給證券商或證券金融公司。

上櫃股票的融資成數為50％。

融資買進下單範例

　　以台達電（2308）為例，來說明融資買進的下單方法：

● 選擇「資」、「買」，代表要融資買進股票。

● 輸入委託張數及價格。

帳號	市場	盤別	類別	股票代碼/名稱	張數	單價				清除
570	證券 ▼	整 ▼	資 ▼ 買 ▼	2308 台達電	1	80	<盤中參考價> ▼	漲	跌	送出

現
資
券

● 輸入股票代號。

● 完成輸入後按此鍵送出。

假設半年前你以每股80元融資買進1張台達電（2308）股票，交割時你要支付的成本，計算如下：

證券商手續費＝80元×1000股×1.425‰＝114元

融資金額＝80元×1000股×60%＝48,000元

（未滿1,000元部分不予計算）

融資自備款＝80元×1000股－48,000元＝32,000元

交割金額＝證券商手續費＋融資自備款

＝114元＋32,000元＝**32,114元**

融資賣出下單範例

以台達電（2308）為例，來說明融資賣出的下單方法：

● 選擇「資」、「賣」，代表
要融資賣出股票，才能結清
之前融資買進的股票部位。

● 輸入委託張數及價格。

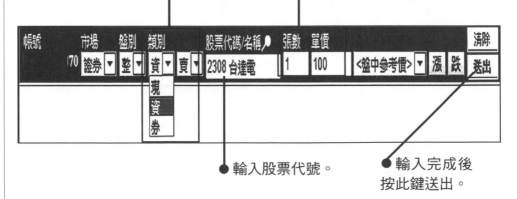

● 輸入股票代號。

● 輸入完成後
按此鍵送出。

接著在半年後的今日,你以每股100元融資賣出1張台達電(2308)股票,如果融資年利率為6%,它的投資損益及報酬率是多少?

證券商手續費=100元×1000股×1.425‰=142元

證券交易稅=100元×1000股×3‰=300元

賣出價款=100元×1000股=100,000元

償還融資金額及利息=48,000元+48,000元×6%÷2=49,440元

投資損益
=資本利得-證券商買進和賣出手續費-證券交易稅-融資利息
=(100元-80元)×1000股-(114元+142元)-300元-1,440元
=19,444元-1,440元
=18,004元

為現股交易投資損益

$$報酬率=\frac{投資損益}{投資自備款}$$

$$=\frac{18,004}{32,000}×100\%$$

$$=56.26\%$$

現股交易報酬率

$$=\frac{19,444}{80,000}×100\%$$

$$=24.31\%$$

投資錦囊

如果看對行情,融資交易報酬率的確會比現股交易高出許多;但如果看錯行情呢?融資交易的損失率也會遠高於現股交易,所以融資交易的風險很高,沒有把握,最好不要使用。

如何進行融券交易？

　　基本上，融券交易就是向證券商或證券金融公司借股票來賣，實務上稱為「放空股票」。融券賣出股票時，必須按融券保證金成數支付保證金，目前上市、上櫃股票的融券保證金成數均為90％，代表你融券賣出股票，必須支付的保證金為賣出價款的90％，並以「融券擔保價款」作為擔保品，等以後你回補（也就是融券買進）股票時，再將股票償還給證券商或證券金融公司。在融券過程中，你必須額外支付融券手續費給證券商或證券金融公司，而證券商或證券金融公司則會支付你融券保證金及融券擔保價款所衍生的利息。

融券賣出下單範例

　　以景碩（3189）為例，來說明融券賣出的下單方法：

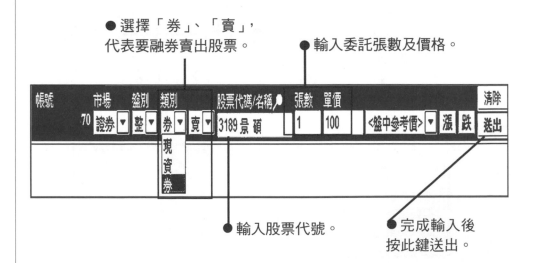

● 選擇「券」、「賣」，
代表要融券賣出股票。

● 輸入委託張數及價格。

● 輸入股票代號。

● 完成輸入後
按此鍵送出。

參考公式
融券擔保價款＝融券賣出價款－融券手續費－賣出手續費－證券交易稅

假設你半年前以每股100元「融券賣出」1張景碩（3189）股票，如果融券手續費率為0.1％，那麼，交割時你要支付的成本是多少？

證券商手續費＝100元×1000股×1.425‰＝142元

證券交易稅＝100元×1000股×3‰＝300元

融券手續費＝100元×1000股×0.1％＝100元

融券擔保價款＝100元×1000股－142元－300元－100元＝99,458元

交割金額＝融券保證金＝100元×1000股×90％＝**90,000元**

融券買進（回補）下單範例

以景碩（3189）為例，來說明融券買進的下單方法：

● 選擇「券」、「買」，代表要融券買進股票，才能結清之前融券賣出的股票部位。

● 輸入委託張數及價格。

● 輸入股票代號。

● 輸入完成後按此鍵送出。

接著在半年後的今天,你以80元「融券買進」回補1張景碩(3189)股票,如果融券保證金及融券擔保價款利率為0.4%,它的投資損益及報酬率,計算如下:

證券商手續費=80元×1000股×1.425‰=114元

融券擔保價款的利息
=999,458元×0.4%÷2=199元

融券保證金的利息
=90,000元×0.4%÷2=180元

投資損益
=資本利得-證券商賣出和買進手續費-證券交易稅-融券手續費+利息
=(100元-80元)×1000股-(142元+114元)-300元-100元
+(199元+180元)

=19,723元

報酬率=$\dfrac{投資損益}{融券保證金}$

$=\dfrac{19,723}{90,000}×100\%$

=21.91%

投資錦囊

進入空頭市場的尾聲時,很多主力作手會先釋放很多利空消息進行養空,再利用快速拉升股價的方式進行軋空,使放空者被迫回補,因此在空頭市場放空時必須特別注意。

如何進行當日沖銷？

在信用交易中，除了單獨使用融資或融券進行交易外，投資人也可以在同一交易日，同時融資買進與融券賣出同一檔股票，進行「當日沖銷」。進行當日沖銷，投資人無須支付任何融資自備款及融券保證金，只須支付交易手續費、融券手續費及證券交易稅。

當日沖銷範例

假設你今天以每股50元「融資買進」1張裕隆（2201）股票，盤中裕隆漲到51元，這時就可以下單「融券賣出」1張裕隆股票，如果在51元成交，則完成這次的當日沖銷。你的損益計算如下：

投資損益

＝資本利得－買進手續費－賣出手續費－證券交易稅－融券手續費

＝（51元－50元）×1000股－50元×1000股×1.425‰－51元×1000股×（1.425‰＋3‰＋0.1％）

＝1000－71－72－153－51

＝653元

假設融券手續費率為0.1％。

投資錦囊

進行當日沖銷時，必須注意股票的流動性風險。如果股票交易不活絡，將會增加當日沖銷的難度。此外，股性活潑的股票比較適合作為當日沖銷的標的。

什麼是擔保維持率？

　　前面我們曾經提到，投資人必須將融資買進的股票當作融資擔保品，而融資擔保品市值與融資金額的比率就是「融資部位擔保維持率」。同樣的，當投資人融券賣出股票時，除要繳交融券保證金外，還須將融券擔保價款當作融券的擔保品，如果將保證金與融券擔保價款除以融券標的股票市值就可以得到「融券部位擔保維持率」。如果投資人同時有融資部位及融券部位，則其「整戶擔保維持率」的計算如下公式：

參考公式

$$整戶擔保維持率＝\frac{融資擔保品市值＋原融券擔保價款及保證金}{原融資金額＋融券標的股價市值}$$

擔保維持率的計算

假設4月13日，你以每股55元融資買進1張潤泰全（2915）股票，並以每股32元融券賣出國泰金（2882）股票，如果融券手續費率0.1％，那麼，融資金額、融券保證金、融券擔保價款各是多少？

融資金額＝55元×1000股×60％＝33,000元

融券保證金＝32元×1000股×90％＝28,800元

融券擔保價款＝32元×1000股×（1－0.1％－1.425‰－3‰）

　　　　　　≒32,000－32－45－96

　　　　　　≒**31,827元**

融資部位股價下跌，或是融券部位股價上漲，都會使擔保維持率下降。

假設4月20日，潤泰全股價為52元，國泰金股價為35元，則整戶擔保維持率是多少？

融資部位擔保維持率

$= \dfrac{\text{融資擔保品市值}}{\text{原融資金額}}$

$= \dfrac{52元 \times 1000股}{33,000元} \times 100\%$

$\fallingdotseq 157.58\%$

融券部位擔保維持率

$= \dfrac{\text{原融券擔保價款及保證金}}{\text{融券標的股價市值}}$

$= \dfrac{31,827元 + 28,800元}{35元 \times 1000股} \times 100\%$

$\fallingdotseq 173.22\%$

整戶擔保維持率 $= \dfrac{\text{融資擔保品市值} + \text{原融券擔保價款及保證金}}{\text{原融資金額} + \text{融券標的股價市值}}$

$= \dfrac{\boxed{52元} \times 1000股 + 31,827元 + 28,800元}{33,000元 + \boxed{35元} \times 1000股} \times 100\%$

$\fallingdotseq 165.63\%$

潤泰全股價上漲時會使擔保維持率上升；反之則會下降。

國泰金股價上漲時會使擔保維持率下降；反之則會上升。

何時會收到追繳通知書？

當你的整戶擔保維持率因股價波動而低於120％時，你將會收到證券商或證券金融公司的追繳通知書。這時你必須在期限內，針對擔保維持率低於120％的個股進行補繳，如果投資人無法補足差額，證券商或證券金融公司將有權處分你的擔保品，也就是俗稱的「斷頭」。

融資補繳範例

延續前面單元的例子來看，假設在7月20日，潤泰全股價跌到38元，國泰金股價漲到50元，則整戶擔保維持率是多少？

融資部位擔保維持率

$$= \frac{融資擔保品市值}{原融資金額}$$

$$= \frac{38元 \times 1000股}{33,000元} \times 100\%$$

$$\fallingdotseq 115.15\%$$

融券部位擔保維持率

$$= \frac{原融券擔保價款及保證金}{融券標的股價市值}$$

$$= \frac{31,827元 + 28,800元}{50元 \times 1000股} \times 100\%$$

$$\fallingdotseq 121.25\%$$

> **參考公式**
>
> 融資補繳差額
> ＝原融資金額－（計算日收盤價×原買進股數×融資成數）
>
> 融券補繳差額
> ＝（計算日收盤價格×融券股數×融券保證金成數－原融券保證金）
> ＋（計算日收盤價格×融券股數－原融券賣出價款）

$$整戶擔保維持率＝\frac{融資擔保品市值＋原融券擔保價款及保證金}{原融資金額＋融券標的股價市值}$$

$$＝\frac{38元×1000股＋31,827元＋28,800元}{33,000元＋50元×1000股}×100\%$$

$$≒118.83\% < 120\%$$

由於整戶擔保維持率低於120%，你將會收到追繳通知書，並針對擔保維持率低於120%的融資部位（潤泰全股票）進行補繳，應補繳多少金額呢？

融資補繳差額
＝原融資金額－（計算日收盤價×原買進股數×融資成數）
＝33,000元－（38元×1000股×60%）

＝10,200元

> 如果你不補繳，證券商有權將你的融資部位斷頭，也就是將潤泰股票全部賣掉，擔保品不足部分你仍須繳納。

不可不知的融資融券相關限制

除了前面說明的融資融券交易規則外，以下還有一些融資融券的相關限制，你也必須了解。

融資融券相關限制

1 不是所有股票都能融資融券

例如初次上市（櫃）股票掛牌未滿六個月者或被處以暫停融資融券者（例如，每股淨值低於10元或融資融券餘額達到一定限額）是不能融資融券的。

2 停資、停券

公司舉行股東會或除息（權）時，為方便股務處理，通常會訂定停止過戶日。在停止過戶前五個營業日起，停止融資買進三天；於停止過戶前七個營業日起，停止融券賣出五天；已融券者，應於停止過戶往前推第六個營業日前還券了結。

3 融資融券期間

期間限制均為半年，但可視客戶的信用狀況，准予申請展延期限六個月，並以一次為限。

4 平盤以下不得放空

除了台灣50指數、台灣中型100指數、台灣資訊科技指數旗下的成分股外，當股票價格低於前一交易日收盤價時，投資人不得融券賣出股票，這項限制比較不利於當日沖銷的進行。

停資、停券的時間點

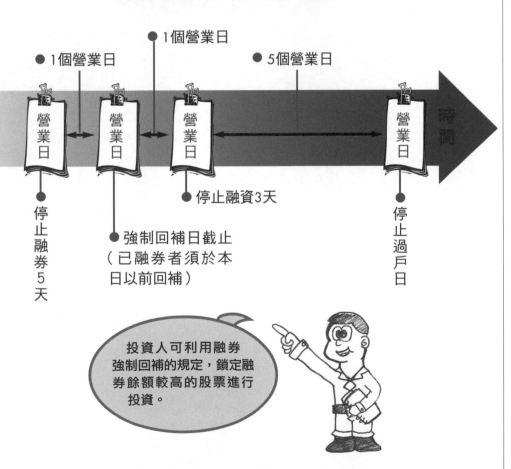

● 1個營業日

● 1個營業日

● 5個營業日

營業日 ⟷ 營業日 ⟷ 營業日 ⟷ 營業日

時間

停止融券5天

強制回補日截止（已融券者須於本日以前回補）

停止融資3天

停止過戶日

投資人可利用融券強制回補的規定，鎖定融券餘額較高的股票進行投資。

個股一定要長期投資嗎？

　　很多專家都會建議投資人要有長期投資的觀念，但長期投資真的能賺到錢嗎？這個答案必須視你所選定的股票而定。

　　如果你投資的是一家具有核心競爭力的公司，獲利能跟得上股本成長的速度、每年都有穩定的淨現金流入及配股配息，這樣的股票就適合長期投資，代表性的公司有台積電（2330）、鴻海（2317）、台達電（2308）、中華電（2412）、台塑（1301）、中鋼（2002）等。相反的，如果是一家常虧損、股利發放有一年沒一年的公司，就比較不適合長期投資。

　　下列舉兩個長期投資的例子，你就會了解選股的重要性。

長期投資獲利的例子

假設你在2000年2月（也就是網路泡沫化前）買在台積電的歷史最高點222元，並一直持有到現在（2012年4月26日的股價為84元），右頁表格是台積電股票在這段期間所配發的股利，你的投資損益如何？

> **參考公式**
> 配股率＝股票股利÷面額（10元）

為計算方便，右表部分股利金額取近似值，並假設現金股利沒有拿去再投資或存款。

股利取得年度（年）	現金股利（元）	股票股利（元）	取得股利後的累計持股數及現金股利金額（2000年2月原始買進股數1000股）
2000	0	2.8	累計持股數 ＝1000股×（1＋28%）＝1280股 累計現金股利＝0元
2001	0	4	累計持股數 ＝1280股×（1＋40%）＝1792股 累計現金股利＝0元
2002	0	1	累計持股數 ＝1792股×（1＋10%）≒1971股 累計現金股利＝0元
2003	0	0.8	累計持股數 ＝1971股×（1＋8%）≒2129股 累計現金股利＝0元
2004	0.6	1.4	累計持股數 ＝2129股×（1＋14%）≒2427股 累計現金股利＝0.6元×2129股≒1,277元
2005	2	0.5	累計持股數 ＝2427股×（1＋5%）≒2548股 累計現金股利 ＝1,277元＋2元×2427股＝6,131元
2006	2.5	0.3	累計持股數 ＝2548股×（1＋3%）≒2624股 累計現金股利 ＝6,131元＋2.5元×2548股＝12,501元

接下頁

接上頁

股利取得 年度 （年）	現金 股利 （元）	股票 股利 （元）	取得股利後之累計持股數及現金股利金額 （2000年2月原始買進股數1000股）
2007	3	0.05	累計持股數 ＝2624股×（1＋0.5%）≒2637股 累計現金股利 ＝12,501元＋3元×2624股＝20,373元
2008	3	0.05	累計持股數 ＝2637股×（1＋0.5%）≒2650股 累計現金股利 ＝20,373元＋3元×2637股＝28,284元
2009	3	0.05	累計持股數 ＝2650股×（1＋0.5%）≒2663股 累計現金股利 ＝28,284元＋3元×2650股＝36,234元
2010	3	0	累計持股數＝2663股 累計現金股利 ＝36,234元＋3元×2663股＝44,223元
2011	3	0	累計持股數＝2663股 累計現金股利 ＝44,223元＋3元×2663股＝52,212元
2012 4月	尚未獲配股 利的情況下		累計持股數＝2663股 累計現金股利＝52,212元

2000年 2月

買進成本＝222元×1000股＝222,000元

持有12年後

2012年 4月

假設股價為84元，則持股價值及累計現金股利合計為275,904元

84元×2663股＋52,212元＝275,904元

獲利及報酬率

獲利＝275,904元－222,000元＝53,904元

獲利率＝53,904÷222,000元×100%＝24.28%

如果你選對股票，即便買在歷史高點，經過長時間的配股配息，仍然可以解套獲利。

長期投資虧損的例子

假設你也在2000年4月買進鍊德的歷史高點330元，並一直持有到現在（2012年4月26日的股價為4.44元），下表是鍊德股票在這段期間所配發的股利，你的投資損益如何呢？

股利取得年度（年）	現金股利（元）	股票股利（元）	取得股利後的累計持股數及現金股利金額（2000年4月原始買進股數1000股）
2000	0	6.5	累計持股數 ＝1000股×（1＋65%）＝1650股 累計現金股利＝0元
2001	0.5	3	累計持股數 ＝1650股×（1＋30%）＝2145股 累計現金股利 ＝0.5元×1650股＝825元
2002	0.1	2.5	累計持股數 ＝2145股×（1＋25%）≒2681股 累計現金股利 ＝825元＋0.1元×2145股≒1,040元
2003	0	0	累計持股數＝2681股 累計現金股利＝1,040元
2004	0.2555	0.2555	累計持股數 ＝2681股×（1＋2.555%）≒2749股 累計現金股利 ＝1,040元＋0.2555元×2681股≒1,725元
2015～2012 4月	因公司虧損沒獲配股利		累計持股數＝2749股 累計現金股利＝1,725元

2000年 2月

買進成本＝330元×1000股＝330,000元

持有12年後

2012年 4月

假設股價為4.44元，則持股價值及累計現金股利合計為13.931元

4.44元×2749股＋1,725元＝13,931元

獲利及報酬率

損失＝330,000元－13,931元＝**316,069元**

損失率＝316,069÷330,000元×100%＝**95.78%**

如果你選到的是好股票，即便短線套牢，長線仍有可能獲利，這就是長線保護短線的道理；相反的，如果你選到的是不好的股票，短線套牢就必須嚴控停損，否則可能會沒有解套的一天，甚至會血本無歸；選股的重要性也就在於此。

選對產業才能選對個股

當一個產業的競爭力及獲利能力明顯下滑時，除非公司成功轉型，否則這種產業的公司都將面臨極大的經營壓力，正所謂「覆巢之下無完卵」就是這道理。以目前台灣的DRAM、LCD產業為例，競爭力早已流失，這些產業的公司就不是理想的投資標的，即便短線有反彈機會，投資人也不應介入搶短，因為這些股票已經沒有長線保護短線的能力了。

大好大壞的產業也不建議投資人介入，因為投資人很容易在產業景氣好時買在高點，當產業景氣一夕之間風雲變色時，如果沒能及時跑掉或執行停損，很容易住進「總統套房」。

選股前須知

1 產業競爭力

產業競爭力可以從這個產業在整個供應鏈所在的位置來分析，如果是生產關鍵的原料或零組件，通常這種產業就比較有競爭力。同業是否過度競爭、是否供過於求、是否有替代性產業的出現也是重要的考量因素。

股市案例

太陽能電池產業的益通（3452），2006年掛牌初期即當上千元股王，當時市場對太陽能產業一片看好，結果掛牌不到兩個月，景氣驟然下滑，益通股價便從雲端滑落，再也回不去了，最低還曾來到10.85元。由此可知，投資人在選股時，可從股王的交替看出產業趨勢的轉變，進而在對的產業中尋找具有潛力的個股。

2 產業景氣變化

產業景氣變化則與產業特性有關，例如科技產業的景氣變化速度遠高於傳統產業。

3 政府政策的導向

政府政策也會影響產業的發展，例如開放陸客來台旅遊及自由行，便有利於台灣觀光產業的發展；另外，太陽能、LED照明、電動車等節能產業，也有賴政府政策的支持，如果政府提高補助，這些產業的發展就會比較順利。

範例

過去冷陰極管是液晶螢幕或電視的背光源，但後來被LED取代，這個效應使原本從事冷陰極管的威力盟（已被隆達合併）股價從2006年的200多元一路挫低到2007年的50多元；反觀LED產業的晶電（2448）在同段期間的股價則從50多元大漲到180元。

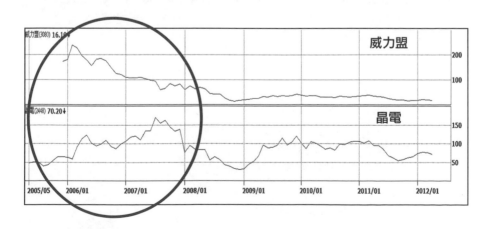

不熟悉的產業及個股最好
不要碰

隨著上市（櫃）家數愈來愈多，很多新掛牌公司的業務或所處的產業對投資人而言是很陌生的，在這種情況下，投資人必須做足功課，了解每家公司的業務內容及產業特性，否則就不要投資這些不熟悉的產業或個股。

危險的投資習慣

1 道聽塗說選股

很多散戶投資人常常會聽信市場消息或朋友的介紹來買賣股票，完全不過問股票背後所代表的公司所從事的業務有哪些，其實這樣的投資行為是非常危險的。朋友會帶你進場，但不見得會帶你出場，在這樣的情況下，有可能你的朋友已經獲利了結先跑了，你還死抱活抱，直到這家公司出事，你才發覺不對勁就太晚了。因此再次提醒，不熟悉的產業及個股不要碰。

投資大師彼得林區曾說：「投資不熟悉的產業或企業，勝算通常不高。」因此「持股在精不在多」，投資人千萬別亂聽信市場明牌。

2 同時投資太多股票

雖然多元投資可分散風險,但最好不要在同一時間投資超過五檔
股票。投資股票就跟養小孩一樣,必須一檔一檔照顧,一次投資
太多股票,你可能會手忙腳亂,資訊也
不易掌握。因此盡量投資你最熟悉
的產業及個股,即便只有一檔股
票也沒有關係,如果你能對一
家公司瞭若指掌,知道何時該
買、何時該賣,一檔股票就足
夠了。

目前上市股票的產業分類

水泥工業	食品工業	塑膠工業	紡織纖維	電機機械
電器電纜	化學工業	生技醫療	玻璃陶瓷	造紙工業
鋼鐵工業	橡膠工業	汽車工業	半導體	電腦及周邊設備
光電	通信網路	電子零組件	電子通路	資訊服務
其他電子業	建材營造	航運業	觀光事業	金融保險
貿易百貨	油電燃氣	綜合	其他	

電子類股vs.傳產類股

　　在台灣經濟發展中,每個年代都有它代表性的產業。1990年代以前,房地產業及金融產業賺錢易如反掌,推升股市上萬點,當時的股王清一色都是金融類股,股價都在千元以上。

　　進入1990年代,房地產業因供需失衡而泡沫化,並拖累金融產業,同一期間由於台灣經濟環境從傳統的工業社會轉變為資訊社會,電子產業逐漸嶄露頭角,它高成長、高獲利的表現,吸引大批資金及人才進駐,同時也帶動台灣另一階段的經濟成長,並再度推升股市上萬點,當時股王大多來自於電子代工產業,同時也使台灣投資人鍾情於電子類股。

　　進而,知識經濟時代的來臨,它造就了許多新興產業的蓬勃發展,例如網路產業。但進入21世紀後,網路產業也出現泡沫

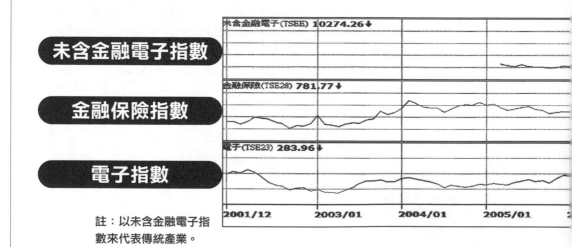

未含金融電子指數

金融保險指數

電子指數

未含金融電子(TSEE) 10274.26↓

金融保險(TSE28) 781.77↓

電子(TSE23) 283.96↓

2001/12　　　2003/01　　　2004/01　　　2005/01

註:以未含金融電子指數來代表傳統產業。

化的現象，甚至造成經濟嚴重衰退，而台灣電子代工產業在高度競爭下，也逐漸進入「微利時代」，無法再像過去一樣有輝煌的表現了。

　　然而，過去股價一直受到壓抑的傳統產業，在歷經長期的調整過程，存活下來的都是體質不錯的公司，有時它們的股價表現也不遜於電子類股，觀光類股晶華（2707）還曾當上股王。因此，投資人的觀念也該要有所改變了，選股不應再侷限電子類股，傳統產業也有不錯的標的可以選擇。

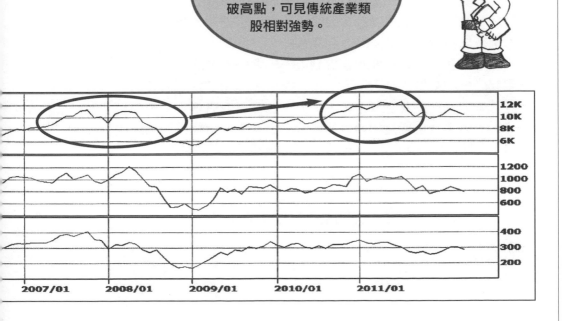

近年來只有傳統產業類股指數能再創新高，電子類股及金融類股都未能再突破高點，可見傳統產業類股相對強勢。

挑選有競爭力的個股

　　有核心競爭力就是指不易被其他公司取代、複製的能力，一家公司通常可從研發能力、關鍵技術、創新能力、品牌認同、管理能力等構面建立自己的核心競爭力，提高競爭門檻。當然並不一定要每項能力都很強，但至少要有一項是同業最強的。擁有核心競爭力，公司才能在產業中取得一席之地，不會因為同業的競爭而受到影響，這種公司的股票就值得長期投資。

範例

鴻海雖然是電子代工業，但它降低成本的管理能力卻是有目共睹的，因而造就出全球首屈一指的代工王國，全球知名品牌公司幾乎都是他的客戶；台積電、聯發科則是藉由研發能力、技術領先等優勢成為晶圓代工及IC設計業的領導廠商；宏達電、華碩的核心競爭力則在於創新能力以及經營自有品牌。

相反的，有些公司可能因掌握到市場先進的優勢而在某一個產業中崛起，但如果進入障礙不高，當大家一窩風搶進這個產業時，市場先進者的優勢將會逐漸消失，最後可能被後進者追上，或是整個產業陷入供過於求或惡性競爭的慘況，投資這種公司的風險就相對較高，如國內DRAM、LCD、LED及太陽能產業都有這種現象。

核心競爭力的要素

| 研發能力 | 管理能力 | 品牌認同 | 創新能力 | 關鍵技術 |

自有品牌vs.代工產業

　　1990年代，台灣代工產業在全球科技產業中扮演舉足輕重的角色，當時代工產業利潤還不錯，電子類股撐起台灣股市的一片天，華碩、廣達、仁寶、英業達、鴻海等都具有代表性，前兩檔還曾當上股王。但隨著資訊產業成長趨緩及產品價格快速滑落，這些廠商的代工利潤遭到嚴重壓縮，對品牌公司的議價能力也日益減弱，毛利率大都剩不到5％，除了鴻海藉由規模經濟維持一定獲利外，其餘代工業者都難以恢復往日榮景。為了突破經營困境及保有核心競爭力，有些公司分割代工與品牌，如華碩與和碩的分家，或是直接轉型為品牌公司，如宏達電等，都是藉此帶動公司進行升級。

　　近年來，擁有自有品牌的公司逐漸受到投資人青睞，股價表現早已凌駕代工產業。除了科技產業外，台灣傳統產業中也有許多不錯的自有品牌公司，例如汽車業的裕隆，自行車業的巨大、美利達，輪胎業的正新，食品業的統一、味全，百貨業的遠百、大潤發，觀光業的晶華、王品，連鎖零售業的統一超、全家等，這些股票在近幾年來的股價表現都很不錯。

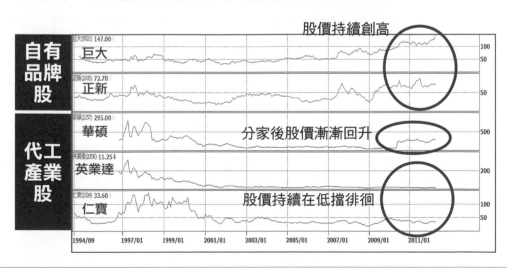

從財報中挑選出精銳個股

　　2013年起上市（櫃）公司的財報將開始使用「國際會計準則（International Financial Reporting Standards，縮寫IFRS）」編製了，因此投資人必須先認識國際會計準則的規定內容才能看懂公司的財報。如果你本身具備財務或會計基礎，你可以上網查詢或學習新的會計準則，但如果你對會計觀念一竅不通，至少必須知道以下的分析重點：

從綜合損益表看公司的獲利能力

台灣積體電路製造股份有限公司及子公司

擬制性合併綜合損益表

民國九十九年一月一日至十二月三十一日

（未經會計師核閱或查核）

單位：新台幣仟元，惟
每股盈餘為元

	金　　額	％
營業收入淨額（附註五、二六及三五）	$419,988,414	100
營業成本（附註三五）	212,484,320	51
營業毛利	207,504,094	49
營業費用（附註三五）		
研發費用	29,706,662	7
管理費用	12,794,562	3
推銷費用	5,367,597	1
合　　計	47,868,821	11

投資小常識

關於新的會計準則，可至下面網站查詢：
www.twse.com.tw/ch/listed/IFRS/aboutIFRS.php

解讀財務報表時，除了財報上面的數字外，投資人更應該看財報的附註揭露，因為重要資訊都隱藏其中。

● 營收愈能穩定成長，代表公司的競爭力沒有問題。

● 毛利占營業收入比率（毛利率）愈高代表公司競爭力愈強，而這種股票就愈值得投資。

參考公式
營業毛利＝營業收入－營業成本

● 研發費用占營收比率愈高，技術愈能領先同業，核心競爭力就愈高。

單位：新台幣仟元，惟
每股盈餘為元

	金　　　　額	％
其他營業收益及費損（附註二七）	（　　　689,606）	－
營業利益	158,945,667	38
營業外收入及支出		
和解賠償收入（附註三七）	6,939,704	2
採用權益法之關聯企業及合資損益之份 額（附註十二）	2,252,325	1
其他收入（附註二八）	1,717,630	－
其他利益及損失（附註二九）	1,005,132	－
財務成本（附註三十）	（　　　425,356）	－
兌換淨損	（　　　99,130）	－
合　　計	11,390,365	3
稅前利益	$170,336,032	41
所得稅費用（附註三一）	5,692,328	2
本年度淨利（附註三二）	164,643,704	39
其他綜合損益（附註二三）		
國外營運機構財務報表換算之兌換差額	（　　4,605,902）	（　　1）
現金流量避險	（　　　　814）	－
確定福利計畫之精算損失	（　　2,472,266）	－
採用權益法之關聯企業及合資其他綜合 　損益之份額	（　　　359,736）	－
與其他綜合損益組成部分相關之所得稅	418,843	－
本年度其他綜合損益（稅後淨額）	（　　7,019,875）	（　　1）
本年度綜合損益總額	$157,623,829	38
淨利歸屬予		
母公司業主	$163,939,741	39
非控制權益	703,963	－
	$164,643,704	39
綜合損益總額歸屬予		
母公司業主	$156,918,257	38
非控制權益	705,572	－
	$157,623,829	38
每股盈餘（附註二五）		
基本每股盈餘	$　6.33	
稀釋每股盈餘	$　6.32	

● 營業利益占營業收入比率（營業利益率）愈高，代表公司獲利能力愈強。如果毛利率很高，但是營業利益率卻不高，代表公司在控管營業費用的能力上有問題。

> **參考公式**
> 營業利益＝營業毛利－營業費用

● 一次性的營業外收入比較不具有參考性，投資分析時比較重視本業的獲利。

● 本期淨利占營業收入比率（淨利率）愈高，代表公司獲利能力愈強。但如果本期淨利多來自營業外收入，甚至本業是虧損的情況，就不值得投資。

> **參考公式**
> 本期淨利＝營業利益＋淨營業外收入－所得稅費用

● 每股稅後盈餘（EPS）是投資人最關係的獲利數字。它代表每股能夠賺得的稅後盈餘。每股稅後盈餘愈高代表公司獲利能力愈強。可用來作為計算本益比的參考。

> **參考公式**
> 本益比＝股價÷每股稅後盈餘

● 考慮員工認股權的稀釋作用後，所計算出來的每股稅後盈餘。

從資產負債表看公司的營運及財務風險

台灣積體電路製造股份有限公司及子公司

擬制性合併資產負債表

民國九十九年十二月三十一日及一月一日

（未經會計師核閱或查核）

資　　　　　　　　　　　　　　　　產	九十九年十二月三十一日	
	金　　　　　　額	%
流動資產		
現金及約當現金（附註六）	$ 147,886,955	20
透過損益按公允價值衡量之金融資產（附註七及三四）	28,890,614	4
按攤銷後成本衡量之金融資產（附註八及三四）	4,796,589	1
應收關係人款項（附註三五）	2,722	-
應收票據及帳款（附註九）	50,525,856	7
其他應收關係人款項（附註三五）	124,586	-
其他應收款項	1,021,552	-
存貨（附註十）	28,405,984	4
其他流動資產（附註十五）	2,037,647	-
流動資產合計	263,692,505	36
非流動資產		
透過損益按公允價值衡量之金融資產（附註七及三四）	5,459,132	1
按攤銷後成本衡量之金融資產（附註八及三四）	9,502,887	1
採用權益法之投資（附註十二）	26,292,385	4
不動產、廠房及設備（附註十三）	388,488,412	53
無形資產（附註十四）	11,731,982	2
遞延所得稅資產（附註三一）	13,154,703	2
存出保證金	8,677,970	1
其他非流動資產（附註十五）	1,372,911	-
非流動資產合計	464,680,382	64
資　　產　　總　　計	$ 728,372,887	100

左頁揭示的資產負債表各項內容，屬於公司運用資金所擁有的經濟資源。

新台幣仟元，惟每股面額為元	
年 一 月 一 日	
額	%
6,341	28
6,027	3
4,843	2
2,524	-
4,317	7
1,292	-
9,987	
3,751	4
8,838	-
7,920	44
9,137	1
3,242	3
1,150	3
4,914	45
9,872	2
8,612	2
3,143	-
0,737	-
0,807	56
8,727	100

● 流動資產是指在一年或一個營業循環內可變現的資產。

● 公司現金部位最好能大於流動負債，比較不會有周轉不靈或黑字（代表有盈餘）倒閉的風險；現金部位愈高，愈有伺機併購其他公司的本錢，或發放現金股利的能力。

● 應收帳款增加的速度，如果遠高於營業收入，代表公司收帳能力有問題，出現呆帳的風險將會增加。

● 存貨太多或太少都不好。太少可能會錯失產品大賣的銷售機會；太多則會有跌價損失的風險。

● 非流動資產是指流動資產以外，具長期性質的有形、無形資產及金融資產。

● 固定資產占總資產的比率愈高，代表盈餘受銷售量變化的影響愈大，也就是營運槓桿或營運風險愈高。如DRAM及LCD產業就有很高的營運風險，在龐大資本支出下，如果銷售量快速滑落，即面臨很大的虧損壓力。

負　　　債　　及　　權　　益	九十九年十二月三十一	
	金　　額	％
流動負債		
短期借款（附註十六）	$ 31,213,944	4
透過損益按公允價值衡量之金融負債（附註七及三四）	19,002	-
避險之衍生金融負債（附註十七及三四）	814	-
應付帳款	12,104,173	2
應付關係人款項（附註三五）	867,085	-
當期所得稅負債（附註三一）	8,564,303	1
應付薪資及獎金	6,424,064	1
應付員工紅利及董監酬勞（附註二三）	11,096,147	2
應付工程及設備款	43,259,857	6
應付費用及其他流動負債	10,779,923	1
負債準備（附註十八）	7,546,264	1
一年內到期之長期銀行借款（附註二十）	241,407	-
流動負債合計	132,116,983	18
非流動負債		
應付公司債（附註十九）	4,500,000	1
長期銀行借款（附註二十）	301,561	-
其他長期應付款（附註二一）	6,554,208	1
應付租賃款（附註十三）	694,986	-
應計退休金負債（附註二二）	6,536,340	1
存入保證金	789,098	-
其　　他	381,182	-
非流動負債合計	19,757,375	3
負債合計	151,874,358	21

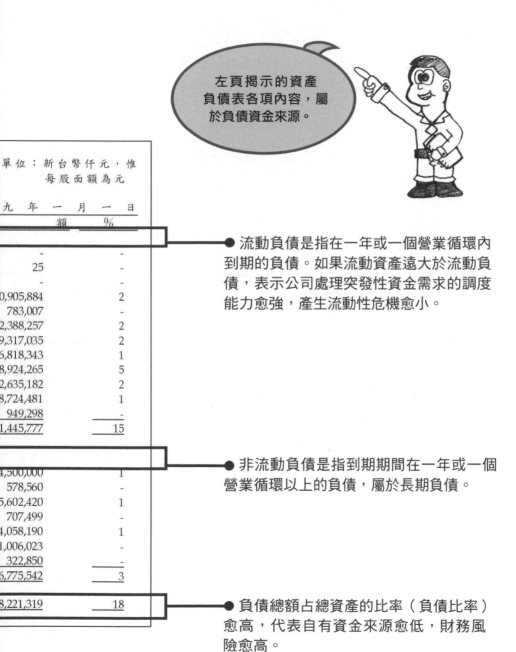

左頁揭示的資產
負債表各項內容，屬
於負債資金來源。

單位：新台幣仟元，惟
每股面額為元

九 年 一 月 一 日		
	額	%
	-	-
	25	-
	-	-
	10,905,884	2
	783,007	-
	12,388,257	2
	9,317,035	2
	6,818,343	1
	28,924,265	5
	12,635,182	2
	8,724,481	1
	949,298	-
	91,445,777	15

● 流動負債是指在一年或一個營業循環內
到期的負債。如果流動資產遠大於流動負
債，表示公司處理突發性資金需求的調度
能力愈強，產生流動性危機愈小。

	4,500,000	1
	578,560	-
	5,602,420	1
	707,499	-
	4,058,190	1
	1,006,023	-
	322,850	-
	16,775,542	3

● 非流動負債是指到期期間在一年或一個
營業循環以上的負債，屬於長期負債。

	08,221,319	18

● 負債總額占總資產的比率（負債比率）
愈高，代表自有資金來源愈低，財務風
險愈高。

負　　債　　及　　權　　益	九十九年十二月三十一	
	金　　　　額	%
歸屬於母公司業主之權益		
股　　本（附註二三）		
普通股股本－每股面額 10 元	259,100,787	3
資本公積（附註二三）	55,701,695	8
保留盈餘（附註二三）		
法定盈餘公積	86,239,494	1
特別盈餘公積	1,313,047	
未分配盈餘	175,630,328	2
保留盈餘合計	263,182,869	3
其他權益項目（附註二三）	(6,045,608)	(
母公司業主權益合計	571,939,743	7
非控制權益（附註二三）	4,558,786	
權益合計	576,498,529	7
負債及權益總計	$ 728,372,887	10

左頁揭示的資產負債表各項內容，屬於自有資金來源，也是公司淨值。

單位：新台幣仟元，惟每股面額為元	
九 年 一 月 一 日	
額	%
259,027,066	43
55,486,010	9
77,317,710	12
-	-
101,681,795	17
178,999,505	29
1,072,381)	-
492,440,200	81
3,947,208	1
496,387,408	82
604,608,727	100

● 股本愈大，公司的獲利能力愈加重要，如果盈餘成長跟不上股本增加，每股稅後盈餘將不會有好的表現。

● 保留盈餘愈多代表公司可用來投資的自有資金愈多，另一方面也代表愈有能力發放股利。

從現金流量表看公司資金周轉能力

●現金流量表會揭露公司因從事營業活動、投資活動及籌資活動所會產生的現金流量。
必須注意的是，公司的會計盈餘並不等於現金流量；換句話說，有盈餘的公司最後仍可能因為資金無法周轉而倒閉。

台灣積體電路製造股份有限公司及子公司

擬制性合併現金流量表

民國九十九年一月一日至十二月三十一日

（未經會計師核閱或查核）

單位：新台幣仟元

金　　　額

營業活動之現金流量：	
稅前利益	$170,336,032
調整項目	
透過損益按公允價值衡量金融資產之淨益	(815,188)
金融資產折溢價攤銷數	34,142
其他應收帳款減損損失	48,372
採權益法認列關聯企業及合資損益之份額	(2,252,325)
不動產、廠房及設備之折舊	85,573,387
提列不動產、廠房及設備損失	319
處分不動產、廠房及設備及無形資產淨損	633,230
無形資產之攤銷	2,236,716
獲配股票作價賠償收入	(4,434,364)
利息收入	(1,665,193)
股利收入	(52,437)
利息費用	425,356
兌換淨損	219,241
營業資產及負債之淨變動：	
衍生金融工具	198,172
應收關係人款項	9,802
應收票據及帳款	(6,431,539)
其他應收關係人款項	(3,294)
其他應收款項	519,421
存　貨	(7,492,233)
其他流動資產	(827,520)
應付帳款	1,198,289
應付關係人款項	84,078
應付薪資及獎金	(2,892,971)
應付員工紅利及董監酬勞	4,277,804
應付費用及其他流動負債	215,641
負債準備	(1,178,217)

	金 額
應計退休金負債	$ 5,884
遞延收益	(59,150)
營運之現金流入	237,911,455
支付所得稅	(9,818,418)
營業活動之淨現金流入	228,093,037

投資活動之現金流量：

利息收現	1,886,731
股利收現	372,439
購置不動產、廠房及設備	(186,944,203)
取得透過損益按公允價值衡量之金融資產	(50,153,262)
取得按攤銷後成本衡量之金融資產	(4,101,501)
取得採用權益法之投資	(6,242,350)
處分透過損益按公允價值衡量之金融資產	
價款	38,058,623
按攤銷後成本衡量之金融資產領回	15,943,000
處分不動產、廠房及設備及其他資產價款	115,524
購買無形資產	(1,801,728)
存出保證金增加	(6,440,410)
存出保證金收回	59,547
取得其他資產	(1,063,058)
投資活動之淨現金流出	(200,310,648)

籌資活動之現金流量：

短期借款增加	31,213,944
償還長期借款	(967,034)
償還其他長期應付款	(1,107,333)
支付利息	(392,805)
存入保證金返還	(232,925)
受領贈與	49,021
員工行使認股權發行新股	244,824
支付現金股利	(77,708,120)
非控制權益減少	(130,083)
籌資活動之淨現金流出	(49,030,511)
匯率影響數	($ 2,141,264)
現金及約當現金淨減少數	(23,389,386)
年初現金及約當現金餘額	171,276,341
年底現金及約當現金餘額	$147,886,955

● 如果公司每年都能產生穩定的營業活動淨現金流入，代表公司在本業所產生的現金流量足夠支應日常營業的資金需求，比較沒有資金周轉的問題。

如何取得個別公司的公開資訊？

　　過去上市（櫃）公司多以書面方式公告及申報其財務報告，投資人取得財務報告的管道非常有限，僅能在台灣證券交易所、櫃檯買賣中心、證券基金會或證券商業同業公會的公關室或圖書室查詢。為了加強資訊的公開度及便利投資人查詢，政府自2002年8月1日起建立「公開資訊觀測站」，成為投資人獲取公開資訊的單一窗口。投資人可以進入公開資訊觀測站的網站（mops.twse.com.tw/index.htm）免費查詢上市、上櫃、興櫃及其他公開發行公司的相關資訊。

公開資訊觀測站網站

投資人應避開
遭警示的個股。

財務重點專區會根據下列的指標狀況，
以紅色標記，警告投資人注意：

1 股票交易方式（全額交割或停止買賣）。

2 淨值低於10元且最近三年連續虧損。

3 淨值低於10元且負債比率高於
60%及流動比率小於1者。

> **參考公式**
> 流動比率
> $$= \frac{流動資產}{流動負債}$$

4 淨值低於10元且最近兩年度及最近期的營業活
動淨現金流量均為負數者。

5 董監事及大股東設質比率達90%以上者。

6 資金貸與他人餘額占淨值比率達30%以上者。

7 背書保證餘額占淨值比率達150%以上者。

8 董監事連續三個月持股成數不足者。

9 其他經台灣證券交易所綜合考量應公布者。

高本益比的個股都值得投資嗎？

投資人常會以本益比的高低來評估一檔股票值不值得投資。由於本益比的倒數具有報酬率的概念，因此很多專家都會建議投資人挑選低本益比的股票來投資，因為這些股票的預期報酬率較高。

其實這樣的講法似是而非，試想一檔股票之所以能享有較高的本益比，其背後往往代表這家公司具有某些核心競爭力，或是市場對這家公司未來展望有比較高的預期。反觀本益比較低的股票，背後可能代表公司已經喪失競爭力，東山再起的機會可能微乎其微。這時候，你要選擇高本益比的股票還是低本益比的股票呢？答案當然是要選擇高本益比的股票。以觀光類股的晶華、王品為例，由於陸客自由行的想像空間及品牌的核心競爭力，市場常給予較高的本益比，因而具有角逐股王寶座的機會。

另一方面，當一檔股票的本益比遭到修正時，投資人必須判斷是暫時性修正，還是永久性修正。如果公司的核心競爭力仍然存在，其本益比修正往往是暫時性的，待股市大環境轉好時即可回升，此時投資人應在本益比向下修正的過程中尋找買點，如聯發科就曾兩度當上股王，代表其本益比修正只是暫時性的。相反的，如果公司的競爭力已經流失，本益比修正可能是永久性的，此時投資人就不要再介入這種股票了，甚至要在趁機出脫手上的持股，如台灣股市中有很多一代股王，如威盛、益通、禾伸堂等，股價從雲端跌落之後就再也回不去了。

從本益比的公式中，可以得知本益比的倒數，簡單來説就是每投資1元可以賺得多少的報酬率。

參考公式

本益比

$$= \frac{股價}{每股稅後盈餘（EPS）}$$

如何以本益比評估股票的價值

預期每股稅後盈餘 ✕ **合理本益比** ＝ **股票價值**

● 由於股價是反映公司未來的表現，所以不可以用過去的每股稅後盈餘為基準。

● 可以用同業標竿企業的本益比作為比較基礎。

投資錦囊

除了本益比外，市場上也常以「股價淨值比」（＝股價÷每股淨值）來評估股票的價值，尤其是金融股。當金融股的股價淨值比遠低於過去平均水準時，便具有投資價值。

從報紙中挑選個股的勝算有多少？

很多散戶投資人會從每天的報紙新聞中尋找潛力個股，當報紙上出現某檔股票的利多消息時，便立刻買進該檔股票；相反的，當報紙出現利空消息時，則立刻殺出持股。其實這樣的操作方法是很危險的；由於報紙上的消息往往是落後的資訊，有些甚至是人為刻意放出來的消息，或為了解釋股票的漲跌而找一些理由來寫；如果今天股票大漲，明天報紙上一定會有很多利多消息，反之如果大跌則會有很多利空消息，試問這樣的資訊對投資人有幫助嗎？

投資股市就像是一場資訊戰爭，誰先取得有用的資訊，誰就是股市的贏家。一般投資人無法像大股東或法人機構去拜訪公司，只能透過外部管道或媒體得知公司的營運概況，如此取得的資訊一般都已經是二手的或是更落後的資訊，這時候我們要如何過濾資訊呢？當你在報紙上看某檔股票的利多消息時，先看看股價是否已上漲一段了，如果股價已經反映了，即便是利多消息，也不要買進，有時甚至要賣出獲利了結，因為這個消息很可能是主力作手刻意釋放出來要拉高出貨的，如果你因為這個消息而進場買股票，就可能被騙。相反的，如果股價還沒反映這利多消息，就可以考慮買進，但這樣的機會不多。

👆 投資錦囊

雖然不建議投資人看報紙選股票，但投資人還是要養成每天看報紙（尤其是專業報紙）的習慣，不僅可以累積總體經濟、產業及財金相關知識，對上市（櫃）公司的動向也比較能夠掌握。

股價走勢與報紙資訊

資料來源：經濟日報，101/5/1，C4版

記者黃仁謙／台北報導

松山－金浦直航再加上陸客自由行，北市觀光飯店前景看好，可望帶動觀光飯店股另一波漲勢。法人指出，觀光族群兩大高價股王品（2727）、晶華股價廝殺激烈，在自由行等題材帶動下，晶華在資本市場上再展氣勢，將與王品掀比價效應。

近來，觀光飯店股利多不斷，第二波新增六城市陸客自由行、台北松山－韓國金浦直航相繼啟動。法人估計至少可為北市觀光飯店增加一成營收。包括國賓、六福、晶華可望受惠，其中晶華最為看好。

相對於觀光飯店股的利多，餐飲類股則受到美牛事件波及，再加上油電雙漲恐衝擊內需消費市場，氣勢轉疲，昨天王品股價再下跌6元，以415元收盤，創上市以來新低點。

雖然昨日晶華酒店股價表現也不理想，股價小跌1元，以397元收盤，但雙方股價差距已經縮小至不到20元。

法人表示，分析兩家高價觀光股，王品雖然獲利表現佳，但只配發現金股利，不足以支持高股價。

而晶華配息高，現金加股票股利，吸引特定買家持續壓價，未來爆發力驚人。

王品第一季每股純後純益達4.39元，晶華第一季每股稅後純益則為3.5元，分析師說，王品第一季獲利高，但第二季起獲利恐受到油電雙漲效益將逐漸顯現，而晶華因多角化經營，餐飲部分，觀光飯店商務

股價跌下來時，報紙就會寫一些負面消息，結果隔天卻漲停鎖死。

王品(2727) 日線圖 2012/05/03 開 444.00 高 460.00 低 441.00 收 454.00 s 元 量 430 張 +10.0 (+2.25%)
SMA5 433.70↑ SMA10 436.55↑ SMA20 449.93↓ SMA60 N/A

王品股價走勢圖

2012/03   04/02   05/02

資料來源：經濟日報，101/5/4，C2版

黃金周 業績吃補丸

【記者陸煥文／台北報導】大陸五一黃金周，各地觀光人潮增，王品（2727）集團旗下王品、西提兩個品牌瞄準中高階西餐市場，鎖定特定高消費族群，假期、節慶挹注效應大，法人估，今年黃金周營收

與4月單周平均營收相比，看增一成。

王品副董事長王國雄表示，大陸西餐市場龐大，且仍在成長中，西化的消費習慣從一級城市開始，漸漸帶動二、三級城市習慣改變，且由於西餐消

費具特殊性，與民眾平時為填飽肚子而吃的餐點不同，故受景氣影響小。

王品昨（3）日股價上漲10元，以454元作收，超越宏達電，攀上股后寶座，挑戰大立光股王地位，備受各界關注。

王品今年兩岸擴大佈局，其中大陸事業進入加速展店期，下半年除平價品牌石二鍋將進軍，又計劃年底前為大陸市場成立新的日式料理品牌。

王國雄表示，看好當地餐飲市場，自2003年成立第一家分店以來，已經累積許多經驗，明後年展店速度會更快，預計

股價漲上來了，報紙就會寫一些正面消息，才差2、3天的時間就對同一檔股票有天壤之別的看法。

外資報告能相信嗎？

　　報紙常常會刊登外資券商的研究報告內容，外資報告會針對大盤或個股進行分析，對於大盤通常會預估未來的高點或低點，對於個股則會給予投資評等及目標價，大部分的投資評等分為優於大盤表現（或買進）、中立、劣於大盤表現（或賣出）三級，目標價則是指未來一年股價會到達的價位。當你在報紙上看到外資報告時，該如何解讀呢？

解讀外資報告的陷阱

1 資訊落後的問題

其實外資會在第一時間將這些研究報告寄送給自己的客戶看，然後再透過其他管道輾轉流出，當外資報告出現在報紙上時，可能已經有兩、三天的落差了，姑且不論外資報告準不準，你取得這些資訊的時效性已經嚴重落後了。

2 報告準確性的問題

外資報告常會有「錦上添花」或「落井下石」的現象，當股價大漲時就大幅調升目標價，當股價大跌時就大幅調降目標價。有些外資分析師甚至常出現「獨排眾議」或「語不驚人死不休」的分析內容，反正預測錯了一點責任也沒有，但是如果猜對了，可能馬上爆紅。

3 言行不一的問題

外資實際進出的情況有時會與報告內容不一致。報告看多，實際卻呈現賣超；報告看空，實際卻呈現買超，讓台灣投資人常常摸不著頭緒。其實，撰寫報告的外資券商與實際進場操作的外資投資機構不見得相同，而且外資投資機構也不可能對外資券商的投資建議照單全收，因此才會有兩者不一致的情況發生。

綜合上述，以後如果在報紙上或其他管道取得外資報告的內容，你應該知道要如何看待了吧！也就是「僅供參考」就好了。重要的是外資的實際進出情況，因為從實際操作才能真正看出外資的想法。

宏達電股價與外資報告

野村：看好宏達電擴大市占、維持毛利率·目標價升至 1500 元

鉅亨網記者·陳俐妏·台北　　2011-04-23·15:16:17.

股王宏達電（2498-TW）日前以 1280 元再創波段高價，近日則因類股輪動相較走疲。但宏達電近期表現佳，外資紛紛加碼喊進，高盛證券更喊出 1600 天價。野村證券表示，看好宏達電強調使用者經驗的品牌策略，將能持續擴大市占率和維持毛利，因此給予「買進」評等，調升目標價至 1500 元。

資料來源：鉅亨網，2011/4/23

外資券商常在股價已經大漲一段之後，才大幅調高股票的目標價。

資料來源：自由電子報，2010/1/28

外資調降獲利　宏達電跌停作收

〔記者王憶紅／台北報導〕宏達電（2498）法說會上的市佔率勝於毛利率的說法，外資不信照喊賣，股價昨日被打落跌停。外資花旗環球、摩根大通證券昨日皆調降宏達電今、明年獲利，分別重申「賣出」和「減碼」評等，目標價都為 250 元。

外資券商常在股價已大跌一段之後，才大幅調降股票的目標價。

當外資報告極度看壞宏達電時，外資卻積極布局股票；當外資報告極度看好宏達電時，外資卻開始出脫持股。所以投資人要關注的是外資實際的買賣動作，外資報告參考就好。

從三大法人進出表中挑選個股

在台灣證券交易所、櫃檯買賣中心網站，或每天的專業報紙上都會揭露三大法人當日或前一日的進出情況，供投資人參考。由於這些專業投資機構的投資金額都有一定的規模，對市場行情有絕對的影響力，而且公司內部都有一批人在專門研究產業及個股，如果你比較沒有分析市場行情的能力，三大法人進出表倒是可作為選股的參考。

1 三大法人介入個股的類型不同

在三大法人中，以外資的影響力最大，除了資金規模最龐大外，外資在台灣股市中也有將近三成的持股比率，當外資大買或大賣一檔股票時，將會直接牽動該檔股票的價格走勢。由於外資買賣屬於大部位的操作，因此通常會挑選成交量大或流動性較佳的權值股（占股價指數權重較大的個股）介入；而投信與自營商的進出則比較會看到中小型個股的蹤影。

2 個股是否被當作提款機

對股市新手而言，以三大法人進出表作為選股參考固然可行，但也要隨時注意個股是否有被這些法人當作提款機的現象，尤其是外資常在歐、美股市大跌時，在台灣股市賣股求現以因應本國客戶的贖回壓力，此時外資就會不惜成本砍殺股票，而造成它認養個股出現大跌的走勢。因此，跟隨三大法人買股票時，手腳必須要快，當法人持股鬆動的第一時間就要出脫持股，否則反而會受到更大的損失。

102年04月03日 三大法人買賣超日報(股)								
證券代號	證券名稱	外資買進股數	外資賣出股數	投信買進股數	投信賣出股數	自營商買進股數	自營商賣出股數	三大法人買賣超股數
2891	中信金	47,645,000	3,632,451	7,421,000	0	1,812,000	2,554,000	50,691,549
9904	寶成	6,204,343	1,334,000	370,000	0	1,512,000	486,000	6,266,343
6116	彩晶	6,430,000	397,500	0	0	0	0	6,032,500
2105	正新	6,531,658	1,142,720	916,000	463,000	781,992	754,000	5,869,930
2474	可成	5,059,820	672,000	569,000	0	973,000	482,000	5,447,820
2409	友達	9,119,000	3,084,000	2,000,000	2,903,000	226,000	15,000	5,343,000
2301	光寶科	4,703,000	1,427,539	880,000	60,000	902,000	0	4,997,461
2889	國票金	5,510,000	650,000	0	0	0	13,000	4,847,000
2303	聯電	8,352,000	5,966,390	0	0	3,626,000	1,236,000	4,775,610
2888	新光金	6,815,000	2,370,000	0	0	967,000	1,058,000	4,354,000
2885	元大金	8,927,000	4,431,000	0	0	119,000	534,000	4,081,000
2886	兆豐金	11,127,000	5,610,376	0	1,504,000	580,000	685,000	3,907,624
058428	元大JJ	0	0	0	0	4,081,000	289,000	3,792,000
2882	國泰金	8,280,100	3,883,000	70,000	670,000	1,009,000	1,312,000	3,494,100
058531	永豐BW	0	0	0	0	3,948,000	560,000	3,388,000
2501	國建	1,976,000	232,000	1,344,000	0	70,000	2,000	3,156,000
058904	永豐DL	0	0	0	0	3,881,000	783,000	3,098,000
2520	冠德	976,000	326,000	1,224,000	0	1,580,000	560,000	2,894,000
08389P	1P群益	0	0	0	0	2,880,000	51,000	2,829,000
2454	聯發科	5,305,463	2,758,428	339,000	0	580,000	788,000	2,678,035
08794P	元大MG	0	0	0	0	2,447,000	0	2,447,000
2393	億光	2,726,000	614,000	0	0	442,000	161,000	2,393,000
056756	96元富	0	0	0	0	2,234,000	10,000	2,224,000
2603	長榮	2,658,945	760,399	100,000	0	203,000	53,000	2,148,546
08197P	日盛BK	0	0	0	0	2,021,000	0	2,021,000
2308	台達電	3,698,000	1,821,000	86,000	0	89,000	75,000	1,977,000
056974	康和LI	0	0	0	0	1,930,000	0	1,930,000
3231	緯創	4,456,000	2,675,000	0	0	73,000	13,000	1,841,000

投資指數股票型基金免除選股煩惱

在第4篇中我們曾提及小額投資人可以利用指數股票型基金（ETF）來分散投資風險，其實如果投資人不善選股，也可以直接投資指數股票型基金免除選股的煩惱。買進指數股票型基金就等於投資它所追蹤的標的指數，以交易最活絡的「台灣50」（也就是元大寶來台灣卓越50基金，股票代號0050）為例，它以台灣50指數為追蹤標的，台灣50指數是取上市股票中市值最大的50檔股票當作成分股；換句話說，如果你買進台灣50，就相當於一次買進50檔股票，完全不須選股，又能達到分散單一股票風險的效果，對於小額投資人或股市新手而言，指數股票型基金絕對是最佳的投資標的。

除台灣50外，也有多檔指數股票型基金在台灣證券交易所或櫃檯買賣中心掛牌交易，大致可分下列四大類：

台灣指數股票型基金主要分類

- **國內成分股指數股票型基金**

- **國外成分股指數股票型基金（含連結式指數股票型基金）**

- **境外指數股票型基金**

- **債券指數股票型基金**

　　由於國外成分股指數股票型基金（含連結式指數股票型基金）及境外指數股票型基金所追蹤的標的是以國外股價指數為主，因此它的漲跌幅限制或交易單位，會與國內成分股指數股票型基金有所不同。

　　以在台掛牌的恆生H股指數股票型基金（恆中國）、恆生指數股票型基金（恆香港）為例，兩者原是在香港註冊上市的境外指數股票型基金，由投信公司以直接跨境模式引進台灣，因此它的交易單位及漲跌幅限制比照香港市場，前者為200單位，後者為100單位，而兩者皆無漲跌幅限制。

　　又如元大寶來標智滬深300指數股票型基金，是投信公司所發行的連結式指數股票型基金，連結的標的是在香港掛牌的「標智滬深300基金」，用以間接追蹤滬深300指數。富邦上證180指數股票型基金是本土投信公司首檔，可直接投資中國大陸A股的國外成分股指數股票型基金，直接追蹤上證180指數，兩者交易單位皆為1000單位，交易價格也無漲跌幅限制。

國內成分股指數股票型基金投資須知

● 國內成分股指數股票型基金的交易方式與股票一樣，不須額外開戶，直接用原有的證券帳戶即可交易。

投資人可委託證券經紀商下單買賣。

● 最小交易單位為1000單位。

● 買賣手續費是以1.425‰為上限，證券交易稅只有1‰。

● 每日的最大漲跌幅為7%。

● 可進行融資、融券交易，且不受平盤以下不得放空的限制。

● 投資指數股票型基金，首重趨勢及買賣時點，只要認為指數未來具有上漲空間，即可買進指數股票型基金，不須擔心會有「看對指數、選錯個股」的情況發生。

台灣四大類指數股票型基金發行概況

1 國內成分股指數股票型基金

基金名稱	追蹤指數	掛牌交易所
元大寶來台灣卓越50基金	台灣50指數	台灣證券交易所
元大寶來台灣中型100基金	台灣中型100指數	台灣證券交易所
富邦台灣科技指數基金	台灣資訊科技指數	台灣證券交易所
元大寶來台灣電子科技基金	電子類加權股價指數	台灣證券交易所
元大寶來台商收成基金	S&P台商收成指數	台灣證券交易所
元大寶來台灣金融基金	MSCI台灣金融指數	台灣證券交易所
元大寶來台灣高股息基金	台灣高股息指數	台灣證券交易所
富邦台灣摩根基金	MSCI®台灣指數	台灣證券交易所
富邦台灣發達基金	台灣發達指數	台灣證券交易所
富邦台灣金融基金	金融保險類股指數	台灣證券交易所
元大寶來新台灣基金	未含電子股50指數	台灣證券交易所
元大寶來摩台基金	MSCI®台灣指數	台灣證券交易所
永豐台灣加權ETF基金	台灣加權股價指數	台灣證券交易所
富邦采吉50基金	台灣50指數	台灣證券交易所
元大寶來富櫃50基金	櫃買之富櫃50指數	櫃檯買賣中心

2 國外成分股指數股票型基金
（含連結式指數股票型基金）

基金名稱	追蹤指數	掛牌交易所
元大寶來標智滬深300ETF	滬深300指數	台灣證券交易所
富邦上證180ETF	上證180指數	台灣證券交易所
元大寶來上證50ETF	上證50指數	台灣證券交易所
復華滬深300ETF	滬深300指數	台灣證券交易所

3 境外指數股票型基金

基金名稱	追蹤指數	掛牌交易所
恆生H股指數ETF（恆中國）	恆生H股指數	台灣證券交易所
恆生指數ETF（恆香港）	恆生指數	台灣證券交易所
標智上證50ETF（上證50）	上證50指數	台灣證券交易所

4 債券ETF

基金名稱	追蹤指數	掛牌交易所
元大寶來富盈債券基金	台灣指標公債指數	櫃檯買賣中心

長期投資 vs. 短線交易

長期投資與短線交易所須掌握的買賣時點不同，在多頭行情中，股價不可能每天上漲，漲多了會進行修正，待修正完成後再繼續向上攻堅；反之在空頭行情中，股價也不可能每天下跌，跌多了會進行反彈，反彈結束後再向下探底。

長期投資　　VS.　　短線交易

對打算長期投資的人來說，最理想的情況是買在多頭行情的起漲點、賣在空頭行情的起跌點，但每次都能做到是不可能的。投資人可利用總體經濟、產業景氣及公司基本面的變化，來判斷長線的買賣點，當投資人掌握長線買點後即可分批進場布局，布局完成後就不要理會股價短線的波動，等待景氣即將達到高峰時，再分批出脫持股獲利了結。

從事短線交易的投資人比較在意股價短線的波動，企圖在每一小段修正行情中尋找買賣點，這時候技術分析就可作為判斷短線買賣點的工具。

長期投資與短線交易的買賣點掌握

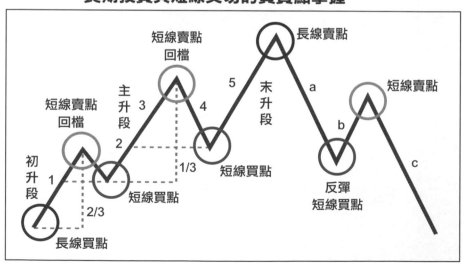

掌握總體經濟的變化

　　總體經濟的變化無論是對產業或個別公司都會產生直接的衝擊，總體景氣衰退時，大部分的產業都會跟著衰退，進而影響個別公司的營運表現。因此投資股市時，必須能掌握總體經濟的變化。我們通常會以政府每季公布的經濟成長率表現來判斷總體景氣的變化。出現正成長時，表示景氣處於擴張期；出現負成長時，表示景氣處於衰退期；而「景氣循環」則指景氣從谷底翻升、復甦，而後達到顛峰後再衰退回到谷底，如此反覆的循環過程。

　　由於股市是經濟的櫥窗，股價會先行反映景氣的變化；股市高點通常不會出現在景氣高峰，而股市低點也未必會出現在景氣最差的時候。因此投資人應掌握景氣循環的變化，在景氣尚未到達高峰時賣出持股，在景氣尚未落底回升之前買進股票。

景氣好壞的掌握祕訣

1 觀察經建會公布的景氣指標

你或許會問：「如何得知景氣即將達到高峰或跌落谷底呢？」最簡單的方法是觀察每月經建會公布的景氣領先指標（可領先反映景氣狀況的指標，例如外銷訂單、股價指數等）及同時指標（反映當前景氣狀況的指標，例如工業生產指數、企業總用電量）的變化，如果領先指標連續三至五個月翻揚，便可初步判斷景氣有止跌的現象，至於是否真的止跌則可以利用同時指標來加以佐證。

台灣景氣循環與股價指數關係表

循環次序	谷底	高峰	谷底	持續期間（月數）			股市高點	股市低點
				擴張期	收縮期	全循環		
1	1954/11	1955/11	1956/09	12	10	22	—	—
2	1956/09	1964/09	1966/01	96	16	112	—	—
3	1966/01	1968/08	1969/10	31	14	45	1968/08	1969/10
4	1969/10	1974/02	1975/02	52	12	64	1973/11	1975/02
5	1975/02	1980/01	1983/02	59	37	96	1978/09	1982/08
6	1983/02	1984/05	1985/08	15	15	30	1984/04	1985/07
7	1985/08	1989/05	1990/08	45	15	60	1990/02	1990/10
8	1990/08	1995/02	1996/03	54	13	67	1994/10	1995/11
9	1996/03	1997/12	1998/12	21	12	33	1997/08	1999/02
10	1998/12	2000/09	2001/09	21	12	33	2000/02	2001/10
11	2001/09	2004/03	2005/02	30	11	41	2004/03	2004/08
12	2005/02	2008/03	2009/02	37	11	48	2007/10	2008/11

股市高低點大部分會領先於景氣高峰及谷底，但領先的時間長短不一。

2 隨時關注全球政經局勢的變化

隨著全球化的趨勢，各國金融市場之間的關係更為緊密，一個國家或地區有問題，馬上就會影響到其他國家或地區。如近年來的金融海嘯及歐洲主權債務危機就是很好的例證，歐、美股市一打噴嚏，全球股市就跟著遭殃。因此，除了國內景氣外，投資人也必須隨時關注國際政經情勢的變化，尤其是與台灣經貿關係較為密切的國家，例如歐、美、日、韓、中國大陸等。很多投資人都會參考前一晚歐美股市的漲跌來預判當天台股的開盤走勢，而盤中則會觀察日、韓、中國大陸股市的變化作為操盤的依據。

從生活周遭看景氣的變化

●路上貨櫃車、工程用車變多
●餐廳、飯店、計程車生意變好
●女性朋友愛穿短裙追求時尚

 **景氣好轉**

● 景氣不好時，女性朋友沒有多餘的錢買昂貴的化妝品，就只好選擇較便宜的口紅來打扮自己。

●紅酒指數下跌
●口紅大賣
●電影院的生意變好

景氣轉差

● 人們在景氣不好時，通常會藉由看電影來排解苦悶，如受金融海嘯影響，2009年美加地區電影票房收入逆勢成長近6%。

掌握央行的升降息循環

當利率屬於高檔時，企業的融資成本較高，對於企業的獲利
將產生負面影響；另方面，高利率也會降低投資人投資股票的
意願，而將資金存入銀行，進而減少股市的資金動能。因此，
高利率的環境並不利於股市的發展。相反的，當利率處於低檔
時，除企業融資成本較低可提升獲利外，投資人也會將部分存
在銀行的資金投入股市，此時股市將會因資金動能較為充足而
有較好的行情。

根據上述觀點，是否表示中央銀行升息（以重貼現率為代表）
時，投資人應該賣出股票？或是中央銀行降息時，投資人應該
買進股票？這必須視中央銀行升降息的目的及時點而定。

	景氣處於擴張期	景氣處於衰退期
意義	在景氣循環的過程中，當景氣處於擴張期時，中央銀行通常會以連續升息（即升息循環）的手段來防止景氣出現過熱的現象。	當景氣處於衰退期時，中央銀行則會以連續降息（即降息循環）的手段來刺激景氣復甦。
操作手法	在升息循環初期，投資人如果看到中央銀行升息，不應賣出持股，反而要趁股價短線修正時尋找買點，因為升息背後往往代表著景氣持續擴張。	等到升息循環進入尾聲而開始降息時，投資人才應該賣出持股，此時切勿因降息造成股市短線上漲而進場買股票，因為降息背後往往已代表景氣開始走下坡了。
	等到降息循環結束、中央銀行啟動下一波升息循環時，才又是好的股市買點。	

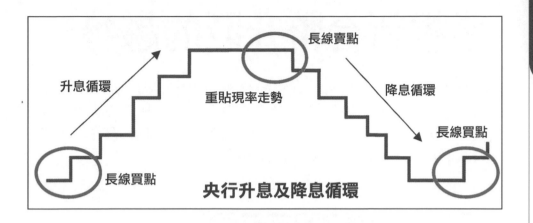

央行升息及降息循環

台灣股市與重貼現率的關係

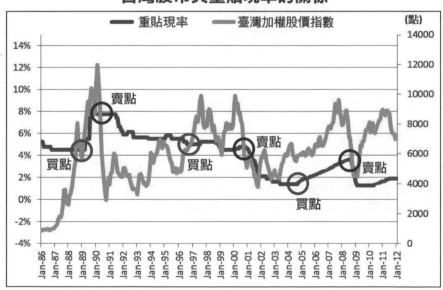

投資小常識

重貼現率代表銀行向中央銀行融通資金的成本，中央銀行調整重貼現率將會影響銀行的資金成本，進而達到調節市場資金水位的目的。

掌握新台幣升貶的趨勢

匯率對股市的影響可從實質面及金融面來解釋。以實質面而言,匯率變動會直接影響進出口商的營運與獲利能力,進而使它的股票價格產生波動。以金融面而言,匯率波動會左右國際資金的流向,進而影響股市的資金動能。

新台幣升貶對投資人的影響

當市場預期新台幣將持續貶值時
不管是台灣的投資人或外資,都會擔心新台幣貶值導致他們的新台幣資產縮水,而將資金匯出台灣,造成資金的外流,間接影響台股的資金動能,使股市下跌。

當市場預期新台幣將持續升值時
當市場預期新台幣將持續升值時,則有利於股市的上漲。

整體而言,新台幣升值對台股是有利的,新台幣貶值對台股是不利的。

股市行情預期對新台幣匯率的影響

看好股市行情
當外資看好台灣未來的股市行情,便會將資金匯入台灣,在新台幣需求增加的情況下,造成新台幣升值的壓力。

看壞股市行情
當外資看壞台灣未來的股市行情,便會將資金撤離台灣,在新台幣需求降低的情況下,會有貶值的壓力。

新台幣升貶對進出口商的影響

當新台幣升值時

出口商的外幣收入將因所能兌換的新台幣數量減少，而產生匯兌損失，進口商則因兌換外幣所須花費的新台幣數量減少而產生匯兌收益。因此，新台幣升值不利出口商、有利進口商。

當新台幣貶值時

出口商的外幣收入將因所能兌換的新台幣數量增加，而產生匯兌收益，進口商則因兌換外幣所須花費的新台幣數量增加而產生匯兌損失。因此，新台幣貶值有利出口商、不利進口商。

台灣股市與匯率的關係

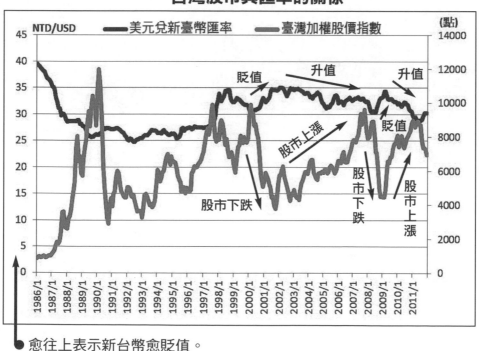

愈往上表示新台幣愈貶值。

掌握M1b與M2的相對變化

　　M1b與M2分別代表貨幣總計數的不同定義，是衡量一個國家貨幣供給額的指標。M1b包括流通在外通貨、支票存款、活期存款及活期儲蓄存款；M2除了M1b之外，還包括定期存款、外幣存款等準貨幣。由於M1b可以直接拿來投資股市，因此與股市資金動能的關係最為密切。

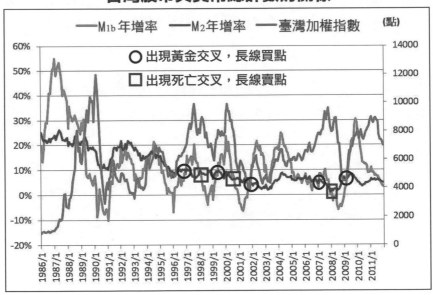

台灣股市與貨幣總計數的關係

　　當M1b年增率上升時，代表金融市場的資金充沛，多餘的民間游資會流向股市，帶動股市的上漲，尤其是出現M1b年增率向上突破M2年增率的「黃金交叉」現象，最具指標意義，這時代表很多投資人將定存資金轉往活存，股市將因資金動能充足而展開一波多頭行情。

　　相反的，如果M1b年增率下跌，甚至出現低於M2年增率的「死亡交叉」現象，代表很多投資人將原先投入股市的資金抽離，股市將因資金動能不足而展開一波空頭行情。

賣在市場極度樂觀時
買在市場極度悲觀時

投資股市猶如一場心理戰爭，考驗著人類貪婪及恐懼的弱點。當市場一片看好時，投資人常因貪婪而勇於追高股票；當市場一片看壞時，也常因恐懼而殺低股票，因此在市場極度樂觀或悲觀的情緒下，股市常常出現超漲或超跌的現象。

股市超漲階段

當市場勇於追價、融資餘額創新高、多數股票漲停的時候，代表股市進入超漲的階段。

● 操作心態
股市超漲時，捨得賣股票的投資人往往是贏家，而去追漲股票者通常是輸家。

股市超跌階段

當市場出現恐慌性殺盤、融資追繳令萬箭齊發、多數股票跌停的時候，代表股市進入超跌的階段。

● 操作心態
股市超跌時，敢去撿便宜的投資人往往是贏家，而去追殺股票者通常是輸家。

投資人須克服人性的弱點，在股市出現極端走勢時「反向操作」，才能戰勝股票市場。雖然大多數人都知道這個道理，但實際上卻很少人能做到，這就是多數人投資股票很難賺到錢的原因。

投資錦囊

當生活周遭的人都在談論股票時，就必須提高警覺，代表股市有過熱的跡象，這時候就要有出脫持股的心理準備；相反的，當所有人對股市心灰意冷、不再理會時，就是撿便宜的好時機。

1987～2012年台股走勢圖

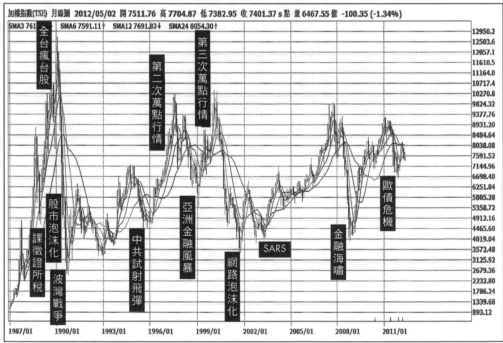

加權指數(TSE) 月線圖 2012/05/02 開 7511.76 高 7704.87 低 7382.95 收 7401.37 s點 量 6467.55億 -100.35 (-1.34%)

SMA3 761 | SMA6 7591.11↑ | SMA12 7691.83↓ | SMA24 8054.30↑

標示文字：全台瘋台股、第二次萬點行情、第三次萬點行情、股市泡沫化、課徵證所稅、波灣戰爭、中共試射飛彈、亞洲金融風暴、網路泡沫化、SARS、金融海嘯、歐債危機

縱軸數值：12950.2、12503.6、12057.1、11610.5、11164.0、10717.4、10270.8、9824.32、9377.76、8931.20、8484.64、8038.08、7591.52、7144.96、6698.40、6251.84、5805.28、5358.72、4912.16、4465.60、4019.04、3572.48、3125.92、2679.36、2232.80、1786.24、1339.68、893.12

橫軸：1987/01、1990/01、1993/01、1996/01、1999/01、2002/01、2005/01、2008/01、2011/01

此圖可印證華爾街的一句名言：
「行情總在絕望中誕生、在半信半疑中成長，在憧憬中成熟，在希望中毀滅。」

善設停利點和停損點

　　相信每個人都了解當股市出現不理性漲跌時要反向操作，但有幾個人辦得到呢？既然如此，不如利用機械式操作法來突破人類的心理障礙。在股票有賺錢的時候，設定一個能滿足自己的停利點，當股價來到停利點時，便毅然決然賣出股票，不要想要賣到最高點；相反的，如果股票賠錢，則設定一個自己能忍受的停損點，當股價來到停損點時，也要毫不考慮地賣出股票，轉進比較強勢的個股。

停利點、停損點設定要訣

● 停利點、停損點要設在哪裡？其實沒有標準答案，全看個人的主觀決定。所以，投資人必須依據自己對獲利的滿足程度，以及對損失的忍受程度，設定適當的停利點及停損點。

● 停利點如果設得太高，完全沒有意義，因為股價不見得會來到這個點，一樣會產生抱上去又抱下來的情況，最後白忙一場。

● 如果停損幅度設得太小，可能因為太快停損出場而喪失後面的上漲行情，畢竟股票不可能一買就上漲，只要上漲趨勢沒有改變，短期套牢是很正常的事，而且進出太過頻繁也會徒增交易成本。

● 除非一開始就設定要長期投資，否則一旦設立停利點及停損點之後，一定要嚴守操作紀律，不可以隨意更動或改變心意，不然就達不到克服貪婪與恐懼的目的了。

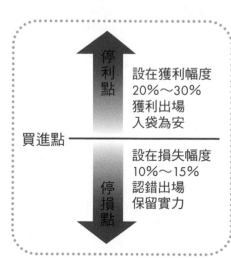

停利點：設在獲利幅度20%～30% 獲利出場 入袋為安

買進點

停損點：設在損失幅度10%～15% 認錯出場 保留實力

好股票進入歷史低檔區時分批買進

　　一般而言，當股市大環境不佳時所有的股票都會面臨下跌的命運，投資人須清楚分辨哪些股票還具有核心競爭力、哪些股票是真正進入長空走勢；前者通常會在盤勢穩定後出現回升行情，後者則可能一去不復返，頂多出現短期反彈行情。這時候就考驗投資人的心理素質了，你敢在市場極度恐慌的情況下買進具有核心競爭力的好股票嗎？相信多數人是不敢的。

　　為了克服恐懼心理，長線投資人可以在好股票進入歷史低檔區時分批買進，這樣就不會錯過撿便宜的好時機了。

歷史低檔區分批買進法

步驟 *1*

你可利用股票上市以來的股價走勢，研判歷史低檔區的價位區間。

步驟 *2*

當股價進入此區間時，則開始分批買進持股。在分批買進的過程中，可設定買進的價位點及數量，價位愈低買進數量可以愈多，價位愈高買進數量愈少，這樣將可有效降低平均持有成本。

步驟 *3*

完成布局後，便耐心等待股價回升行情，當股價漲到停利點時，就可以獲利出場。

投資錦囊

並不是所有股票都適合使用歷史低檔區分批買進法，只有未來還具有核心競爭力的「好股票」才適用。此外，運用這方法必須「非常有耐心」，因為股價不見得會立即上攻。

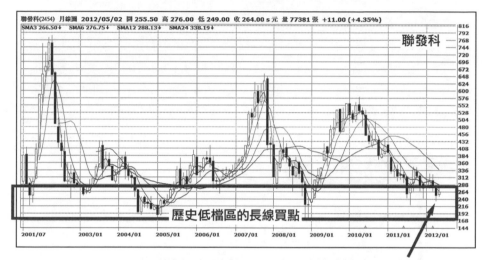

聯發科(2454) 月線圖 2012/05/02 開 255.50 高 276.00 低 249.00 收 264.00 s 元 量 77381 張 +11.00 (+4.35%)
SMA3 266.50↓　SMA6 276.75↓　SMA12 288.13↓　SMA24 338.19↓

聯發科

歷史低檔區的長線買點

● 股價再次進入歷史低檔區，適不適合買進
就要看公司是否還保有核心競爭力。

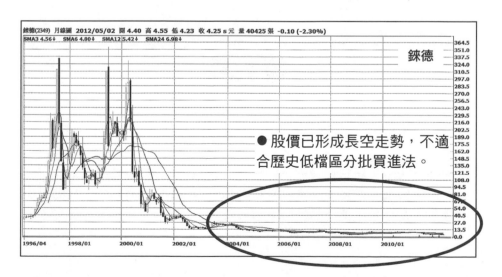

錸德(2349) 月線圖 2012/05/02 開 4.40 高 4.55 低 4.23 收 4.25 s 元 量 40425 張 -0.10 (-2.30%)
SMA3 4.56↓　SMA6 4.80↓　SMA12 5.42↓　SMA24 6.98↓

錸德

● 股價已形成長空走勢，不適
合歷史低檔區分批買進法。

不可不知的技術分析技巧：技術型態

除了基本面分析及心理面分析外，很多投資人也會利用技術分析來判斷股票買賣的時點。技術分析的方法很多，每種方法都有它的優缺點，就看投資人如何使用，即便是使用相同方法，也不一定會有相同的解讀。儘管如此，本單元將先介紹一些你不可不知的技術型態。

技術分析工具

- 型態類：主要是依據股價歷史走勢，來預測未來的股價走勢。

- 指標類：主要是幫助投資人判斷，是否出現超漲（即超買）或超跌（即超賣）的現象。

K 線

實務上通常會以K線圖來研判股票的技術型態，有日K線、周K線、月K線等。以日K線為例，從每一根K線可以得知每一個交易日的開盤價、收盤價、最低價、最高價等資訊。當日收盤價高於開盤價時，該日K線即為紅K線；當日收盤價低於開盤價時，該日K線則為黑K線。將多日K線集結在一起畫成日K線圖後，便可以清楚看出過去的股價走勢。

範例：K線結構

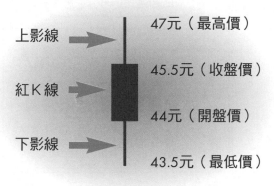

上影線 ➡ 47元（最高價）

紅K線 ➡ 45.5元（收盤價）

44元（開盤價）

下影線 ➡ 43.5元（最低價）

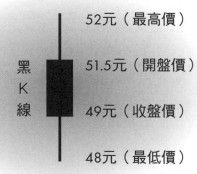

52元（最高價）

黑
K
線 51.5元（開盤價）

49元（收盤價）

48元（最低價）

33.5元（最高價）

十
字
線 33元（開盤價＝收盤價）

31.5元（最低價）

K線的反轉型態

頭部型態

當股價形成頭部型態時，如頭肩頂、雙重頂（M頭）、三重頂、V型頭，投資人應賣出持股。

底部型態

當股價形成底部型態時，如頭肩底、雙重底（W底）、三重底、V型底，投資人應買進持股。

K 線型態

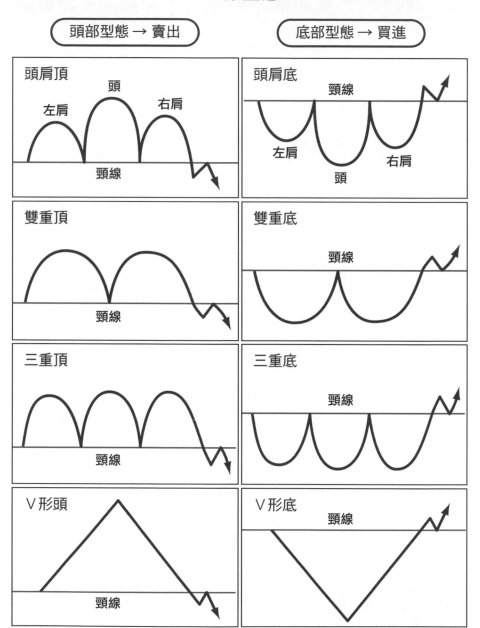

移動平均線

在K線圖中也會搭配移動平均線進行綜合判斷，移動平均線是根據每日移動平均價所構成的，每日移動平均價的計算必須先設定期間，常用的期間有5日、20日、60日、120日等，新平均價的產生是扣抵最前面一日的收盤價，再加上最新一日的收盤價而得，因此當最新一日收盤價高於被扣抵的價格時，移動平均線將會往上彎，形成下檔支撐；相反的，當最新一日收盤價低於被扣抵的價格時，移動平均線則會往下彎，形成蓋頭反壓。

移動平均線是代表過去一段時間投資人的平均持有成本，當股價高過移動平均線時，代表過去一段時間買進的投資人平均是賺錢的，未來股價上漲時解套賣壓會比較小；當股價低於移動平均線時，代表過去一段時間買進的投資人平均是套牢的，未來股價上漲時解套賣壓就會比較大。

範例：如何計算5日移動平均價

日期	4/11	4/12	4/13	4/14	4/17	4/18	4/19	4/20	4/21
收盤價	20.20	20.70	22.10	22.40	22.70	22.60	22.25	21.95	21.90

5日均價（4/17）

$$= \frac{20.2+20.7+22.1+22.4+22.7}{5} = 21.62$$

5日均價（4/18）

$$= \frac{20.7+22.1+22.4+22.7+22.6}{5} = 22.1$$

K 線圖及移動平均線

● 短期均線在中期均線之上，中期均線在長期均線之上，
而股價在所有均線之上，稱為多頭排列，會加速股價上
漲。

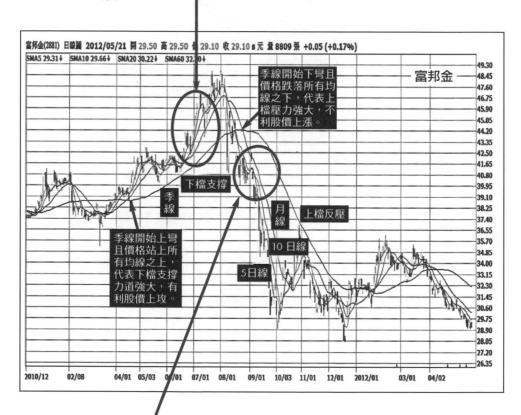

富邦金(2881) 日線圖 2012/05/21 開 29.50 高 29.50 低 29.10 收 29.10 s 元 量 8809 張 +0.05 (+0.17%)

SMA5 29.31↓ SMA10 29.66↓ SMA20 30.22↓ SMA60 32.10↓

富邦金

季線開始下彎且
價格跌落所有均
線之下，代表上
檔壓力強大，不
利股價上漲。

下檔支撐

季線

月線

上檔反壓

10 日線

5 日線

季線開始上彎
且價格站上所
有均線之上，
代表下檔支撐
力道強大，有
利股價上攻。

● 短期均線在中期均線之下，中期均線在
長期均線之下，而股價在所有均線之下，
稱為空頭排列，會加速股價下跌。

不可不知的技術分析技巧：技術指標

實務上的技術指標很多，比較常被使用的有KD值、RSI、MACD、乖離率等，下表是各項指標的分析技巧。

KD值的分析技巧

買進訊號	賣出訊號
● K值向上突破D值，且KD值均大於20	● K值向下跌破D值，且KD值跌落80以下
● 價格創新低，但KD值未創新低（指標低檔背離）	● 價格創新高，但KD值未創新高（指標高檔背離）

RSI的分析技巧

買進訊號	賣出訊號
● RSI＜20或30	● RSI＞70或80
● 價格創新低但RSI未創新低（指標低檔背離），可與KD值一同觀察，增加準確度	● 價格創新高但RSI未創新高（指標高檔背離），可與KD值一同觀察，增加準確度

MACD的分析技巧

買進訊號

● DIF值與MACD在0軸線之上，代表多頭市場

● DIF值向上突破MACD及0軸線時

● 價格創新低，但DIF值未創新低（指標低檔背離），可與KD值、RSI一同觀察，增加準確度

賣出訊號

● DIF值與MACD在0軸線之下，代表空頭市場

● DIF值向下跌破MACD及0軸線時

● 價格創新高，但DIF值未創新高（指標高檔背離），可與KD值、RSI一同觀察，增加準確度

乖離率的分析技巧

買進訊號

● 股價在移動平均線之下且偏離程度很大（負乖離很大）

● 5日乖離率＜－3.5%

● 10日乖離率＜－5%

● 20日乖離率＜－8%

賣出訊號

● 股價在移動平均線之上且偏離程度很大（正乖離很大）

● 5日乖離率＞3.5%

● 10日乖離率＞5%

● 20日乖離率＞8%

參考公式

N日乖離率

$$= \frac{股價 - N日移動平均線}{N日移動平均線}$$

利用技術指標背離判斷買賣點

● 指數創新高，但技術指標卻一頂比一頂低，即形成高檔背離的現象，為賣出訊號。

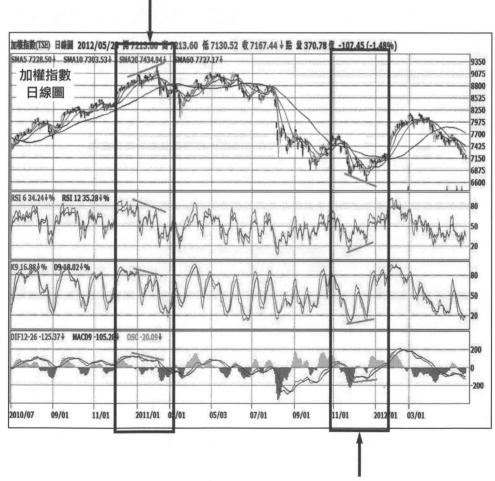

● 指數創新底，但技術指標卻一底比一底高，即形成低檔背離的現象，為買進訊號。

從價量關係掌握買賣時機

　　在股市中常會聽到有人說：「新手看價、老手看量。」其實這句話正點出「量」比「價」重要的道理。量是價的先行指標，沒有量就沒有價，當股價創新高，而成交量沒有同步創新高時，代表市場追價意願不高，如果持續出現「價漲量縮」的背離情況，就是賣出訊號。

　　相反的，當股價創新低，而成交量沒有同步創新低時，代表市場逢低承接的意願提高，如果持續出現「價跌量增」的背離情況，就是買進訊號。

　　因此，投資人應該隨時關注價量的變化，在股價上漲過程中，成交量通常會同步增加；在股價下跌過程中，成交量通常會同步減少，一旦出現價量背離的現象，代表行情即將反轉。

股市的價量關係

觀察過去股市價量的變化，可以看出股市高點往往出現在成交量較大的時候，股市低點往往出現在成交量較小的時候。這給投資人的啟示是：

● 當成交量很大時，代表市場多數的投資人熱衷於股市，這時聰明的投資人應該提高警覺，隨時作好出場的準備。

● 當成交量很小時，代表市場多數投資人對股市極為悲觀，這時聰明的投資人應該隨時作好進場的準備，執行反市場操作策略。

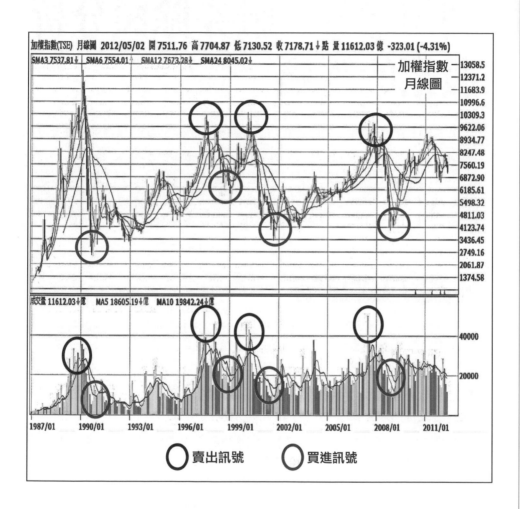

加權指數(TSE) 月線圖 2012/05/02 開 7511.76 高 7704.87 低 7130.52 收 7178.71↓點 量 11612.03 億 -323.01 (-4.31%)

SMA3 7537.81↓ SMA6 7554.01↓ SMA12 7673.28↓ SMA24 8045.02↓

加權指數
月線圖

○ 賣出訊號　　○ 買進訊號

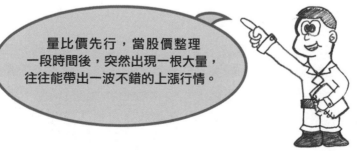

量比價先行，當股價整理
一段時間後，突然出現一根大量，
往往能帶出一波不錯的上漲行情。

利用融資、融券餘額分析
股票的籌碼

從第5篇所介紹的融資融券實務中,我們知道融資融券是有期限的(一般是半年),當投資人使用融資買進股票時,代表他未來將在市場賣出股票以償還融資;同樣的,當投資人使用融券賣出股票時,也代表他未來將在市場買進股票回補,因此融資餘額與融券餘額,可代表一股未來的賣壓與買進力道。

當融資餘額過高時

● 當融資餘額過高時,股票籌碼較易鬆動,而且在股市下跌過程中,容易出現斷頭的賣壓,不利於股市未來的行情,投資人應避開「融資比率」過高的個股。

● 在股市上漲過程中,如果融資餘額增加的幅度超過大盤指數的漲幅時,也有行情過熱的疑慮,投資人必須提高警覺。

● 在股市行情不好的時候,如果融資餘額減少的幅度超過大盤指數的跌幅,代表市場過度悲觀,投資人便可開始等待買進訊號的浮現。

當融券餘額過高時

● 若融券餘額過高,易見「軋空行情」(指融券者見股市彈升走勢不止,急回補股票造成一股強勁的買進力道,進而再推升股價上漲)。

● 若有「軋空行情」,投資人則應多留意「融券比率」及「券資比」較高的股票。軋空行情結束後,股價往往就向下修正。

參考公式

融資比率

$$= \frac{目前融資金額}{可融資金額}$$

融券比率

$$= \frac{目前融券張數（或金額）}{平均每日成交張數（或金額）}$$

券資比

$$= \frac{目前融券金額}{目前融資金額}$$

軋空行情範例

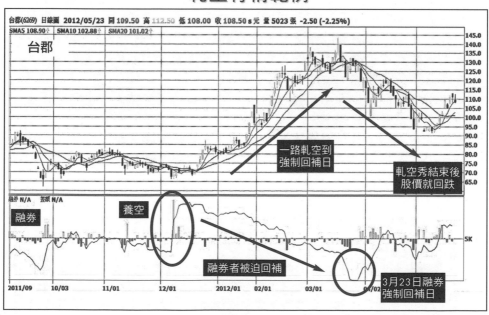

台郡(6269) 日線圖 2012/05/23 開 109.50 高 112.50 低 108.00 收 108.50 s 元 量 5023 張 -2.50 (-2.25%)

SMA5 108.90↑ SMA10 102.88↑ SMA20 101.02↑

台郡

一路軋空到
強制回補日

軋空秀結束後
股價就回跌

融券 N/A 差額 N/A

融券

養空

融券者被迫回補

3月23日融券
強制回補日

如何判斷籌碼流向？

　　股市是很現實的籌碼戰，弱肉強食的競爭場面時常上演。雖然在台灣股市的投資人結構中散戶占絕多數（六成以上），但散戶在股市中卻是最弱勢的一群，除了資金規模遠不如法人及主力外，資訊落後也是關鍵的因素。因此就常理而言，當股票籌碼流向散戶時，以法人或主力的立場來說，當然不會拉抬股價讓散戶輕易賺到錢，所以籌碼流向散戶的股票不容易上漲。

判斷籌碼流向的祕訣

● 投資人可以比對法人的進出及融資餘額的變化，來判斷股票籌碼的流向。

由於散戶的資金規模小，常會使用融資來買進股票，因此市場上常以
● 融資餘額的變化來觀察散戶投資的動向，當融資餘額增加，代表散戶勇於進場，當融資餘額減少，代表散戶退卻了。

當融資餘額增加而法人持股減少時，代表籌碼流向散戶，這時投資人
● 就必須提高警覺，慎防法人倒貨給散戶。

如果融資餘額減少而法人持股增加，代表籌碼流向法人，這時股價上攻的力道就會比較強。

● 當你在報紙上看到融資追繳令萬箭齊發的新聞時，請不要跟著市場一起恐慌，反而必須暗自竊喜，因為散戶的籌碼即將被清洗乾淨，撿便宜的時機又到了。

投資錦囊

主力坑殺散戶的手法為「養、套、殺」。主力會利用利多消息及股價上漲假象引君入甕（養），在股價高檔的時候倒貨給散戶（套），之後再釋放利空消息讓股價回跌，等散戶不堪虧損斷頭出場時（殺），再反手低接籌碼。所以投資人要盡量避開高融資的個股。

籌碼動向對股價的影響

● 股價由高點79.5元大幅修正，散戶持續加碼攤平，跌到低點33元時，散戶信心渙散，融資斷頭出場。之後股價進行反彈，散戶心有餘悸，融資餘額續減。但在這段期間，法人及主力持股卻是持續增加的。

● 股價反彈到55元附近後，散戶才相信行情來了，融資餘額快速回升，但法人及主力卻在股價高檔的時候倒貨給散戶，之後股價大跌，融資再度斷頭出場，法人及主力則趁機撿便宜。

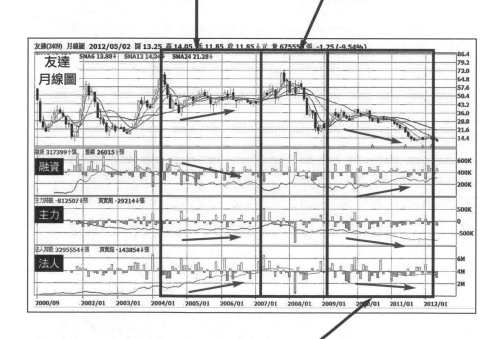

● 融資斷頭之後，股價進行反彈，法人及主力趁機出脫持股，融資餘額則緩慢增加。當股價不耐久盤而加速趕底時，融資餘額不減反增，法人及主力則持續賣股。

技術分析的迷思

　　技術分析方法很多，主要的功能都是輔助投資人研判市場的多空勢力、股價趨勢及買賣時點，但投資人可能會問：「技術分析真的有效嗎？」以下幾點就是技術分析的迷思，提醒投資人注意。

1 技術分析是領先指標或者是落後指標

技術分析最常為人詬病的缺點，就在於技術指標是由歷史的價量關係計算而得，股票的量價是因，技術指標是果；換句話說，股價已經下跌了，技術指標才轉弱，因此，在強調股價是反映未來的投資人眼中，自然質疑技術分析是一種倒因為果的方法，認為技術分析是落後指標。

但是，支持技術分析的投資人卻認為，無論哪種股票，都會有它適合的買、賣時間點，在股市輪動的過程中，再好或再壞的股票也會在比價效應下補跌或補漲，而技術分析有時也常領先基本面，在技術指標轉弱或轉強之後，基本面的利空及利多消息才會慢慢出現。

2 技術分析愈普遍，效果愈不好

當市場上很多投資人使用技術分析來研判未來的買賣時點時，由於每個人使用的技術型態與指標都很類似，使得大家對未來盤勢壓力區及支撐區的看法非常雷同。在這情況下，有些投資人可能會在接近壓力區前，先脫手股票或在支撐區前先買進股票，如果大家都持這樣想法，股價根本無法觸及到壓力區或支撐區，技術分析的效果便會受到影響。

3 在股市盤整期中，技術分析較無效

在股市盤整階段，股價漲漲跌跌，當某日股價突然跳空上漲，就可能造成技術指標的黃金交叉（如K值突破D值），投資人如果依此認為股價即將上漲而進場買進，就容易遭到套牢。因為未脫盤整期的股票，上漲後股價可能立即被拉回，這時投資人如果使用技術分析，將顯得綁手綁腳。

4 市場主力炒作與騙線

在實務上，市場主力常利用炒作股價行情，企圖誘導散戶投資人誤入陷阱。其中最常看到的就是「假突破、真拉回」或是「假跌破、真拉抬」的陷阱。例如市場主力為了想出清持股，先拉抬股價，使技術指標轉強，待散戶投資人見技術指標轉強（也就是騙線）而進場買進時，再倒貨給散戶投資人。因此，投資人使用技術分析時，須先對不同型態的陷阱有所認識，以免慘遭套牢。

假突破、真拉回範例

資料來源：
經濟日報，2012/4/11

成長12%！受惠NB廠追單，產能利用率上升。

友達 Q2虧損將縮小

資料來源：
經濟日報，2012/4/13

愛普生擴大對台採購

友達奇美電群光 吃甜

【記者簡君帆、李珣瑛/台北報導】面板大廠友達昨（10）日公布3月合併營收314.41億元，較2月成長12.5%，年減12.5%，優於預期。面板廠3月營收普遍上揚，第二季產能利用率持續上升，伴隨價格回穩，單季虧損可望縮小。

友達第一季合併營收811.02億元，季減9.4%，年減13%。3月大尺寸面板出貨量超過1,043萬片，較2月成長9.8%。

中小尺寸面板出貨量則較2月增加0.8%，約1,322萬片。可望量價齊揚。

【記者能益彙/台北報導】日系大廠精工愛普生集團（EPSON）近年持續擴大採購端台灣零組件規模，去年達50億元，今年預計擴增三成，主要包括中小尺寸液晶顯示器面板、Wi-Fi無線等模組及3D眼鏡。

液晶顯示器（LCD）面板模組採購可挹注友達（2409）、奇美電等面板大廠；3D眼鏡則有群光等廠商沾光，網通廠商可望受惠無線模組採購端商機。

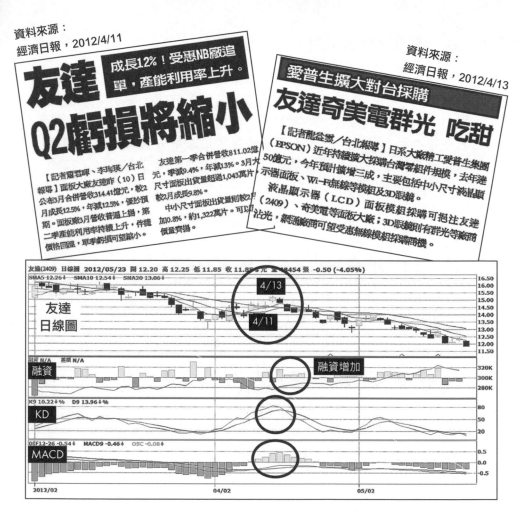

● 主力在股價即將越過所有均線之際頻頻釋放利多消息，讓股價順利突破所有均線，散戶見狀，隔一交易日代表散戶動向的融資餘額便大幅增加，但就在散戶大舉進場之後，股價就大幅拉回。

如果投資人能看懂技術指標就不會上當了，4月13日股價上漲時，KD指標並未繼續走高，隔一、二交易日K值還跌破D值，且DIF及MACD從未站上代表多頭的0軸線，代表不是好的買點，甚至是賣點。

投資股票也能定期投資

很多人都會利用定期定額法投資共同基金，其實，投資股票也可以使用定期定額法，或是定期不定額法，來免除挑選買賣時點的煩惱。

定期定額法

定期定額法是在固定的期間（例如每周、半個月、每月），以「固定金額或張數」投資某一檔「好股票」的操作方式。

好處

● 這種作法可以分散投資時點，具有平均投資成本的功能，可以降低投資風險。

● 投資人不須太在意短期股價的波動，無論行情好壞，時間一到就買進「固定金額或張數」的股票，類似銀行的零存整付，可以強迫自己儲蓄。

● 透過這樣的機械式操作，也能避免單筆買在高檔，或因恐慌在低檔不敢買的毛病。

在現今股市波動愈來愈劇烈的年代，定期定額法非常適合具有投資意願、卻老是抓不住投資時點的散戶投資人使用。

定期不定額法

定期不定額法的操作方式比定期定額法積極，一樣是在固定的期間投資股票，但買進的金額或張數則視股市行情而定；股市行情好時，降低投資的金額或張數，股市行情不好時，則增加投資的金額或張數。

好處

● 這種「高檔少買、低檔多買」的投資方式，比定期定額法更能發揮平均投資成本的功能。

即便使用定期投資法，也要有停利的觀念。定期買進一段時間之後，如果股價漲到自己所設定的停利點時，可以部分或全部獲利了結，之後再持續定期買進持股，如此才能將獲利落袋為安，避免出現紙上富貴的情況。

定期定額法或定期不定額法的比較

買進期間：2008年1月～2010年12月

● 定期定額法：每月底定期投資，每期投資2張台積電股票

● 定期不定額投資：每月底定期投資，每期投資張數依以下原則決定：

股價＜50元：投資3張

50元≦股價＜60元：投資2張

60元≦股價：投資1張

日期	買進價格	定期定額法 買進張數	定期不定額法 買進張數	日期	買進價格	定期定額法 買進張數	定期不定額法 買進張數
20080131	59.9	2	2	20100129	61.5	2	1
20080229	61.6	2	1	20100226	58.8	2	2
20080331	63.1	2	1	20100331	61.5	2	1
20080430	66.7	2	1	20100430	61.8	2	1
20080530	65.6	2	1	20100531	60.2	2	1
20080630	65	2	1	20100630	60.6	2	1
20080731	56.2	2	2	20100730	62.4	2	1
20080829	58.9	2	2	20100831	58.9	2	2
20080930	52.5	2	2	20100930	62	2	1
20081031	48	2	3	20101029	62.8	2	1
20081128	40.8	2	3	20101130	63.4	2	1
20081231	44.4	2	3	20101231	71	2	1
20090121	40.2	2	3	合計買進張數		72	57
20090227	44.95	2	3				
20090331	51.4	2	2				
20090430	55.2	2	2				
20090527	60.4	2	1				
20090630	54.7	2	2				
20090731	58.9	2	2				
20090831	59.2	2	2				
20090930	64.5	2	1				
20091030	60	2	1				
20091130	61.1	2	1				
20091231	64.5	2	1				

● 透過定期投資法，就算是金融海嘯，也敢在低檔買進持股，有助於降低平均投資成本。其中又以定期不定額法的效果最好。

定期定額法的平均投資成本

＝（59.9＋61.6＋63.1＋……＋63.4＋71）×2÷72＝**58.4元**

定期不定額法的平均投資成本

＝（59.9×2＋61.6×1＋63.1×1＋……＋63.4×1＋71×1）÷57

＝**55.5元**

投資筆記

實用投資系列1

擺脫死薪水 股票投資 聰明滾錢

2013年5月初版　　　　　　　　　　　　　　　　　定價：新臺幣290元
有著作權・翻印必究.
Printed in Taiwan

著　　者 謝	劍	平
林	傑	宸
發 行 人 林	載	爵

出　版　者 聯經出版事業股份有限公司	叢書主編 鄒	恆 月
地　　　　址 台北市基隆路一段180號4樓	特約編輯 葉	冰 婷
編輯部地址 台北市基隆路一段180號4樓	插　　畫 陳	冠 融
叢書主編電話 (02)87876242轉223	葉	安 如
台北聯經書房：台北市新生南路三段94號	封面設計 黃	聖 文
電　　　　話：(02)23620308		
台中分公司：台中市健行路321號1樓		
暨門市電話：(04)22371234ext.5		
郵政劃撥帳戶第0100559-3號		
郵撥電話：(02)23620308		
印　刷　者 文聯彩色製版印刷有限公司		
總　經　銷 聯合發行股份有限公司		
發　行　所：新北市新店區寶橋路235巷6弄6號2樓		
電　　　　話：(02)29178022		

行政院新聞局出版事業登記證局版臺業字第0130號

本書如有缺頁，破損，倒裝請寄回聯經忠孝門市更換。　　ISBN　978-957-08-4173-2 (平裝)
聯經網址：www.linkingbooks.com.tw
電子信箱：linking@udngroup.com

國家圖書館出版品預行編目資料

擺脫死薪水 股票投資 聰明滾錢/
謝劍平、林傑宸著 . 初版 . 臺北市 . 聯經 . 2013年
5月（民102年）. 192面 . 17×23公分
（實用投資系列：1）
ISBN　978-957-08-4173-2（平裝）

1.股票投資　2.投資技術　3.投資分析

563.53　　　　　　　　　　　　　　　102006610